폭주하는
남성성의 시대는
끝났다

퀴어는
언제나
광장에
있었다

여성은 언제나
광장에 있었다

광장을 바꾼 청년 여성들의 정치력

*우리는 ♥ 우리가 ☆ 놀랍지 않다★

*이승기 지음   틈새의시간

추천사
_권수현(경상국립대학교 사회학과 조교수)

　언제나 청년 여성은 광장에 있었다. 남성/성이 디폴트로 자리잡은 한국 사회와 정치가 외면하고 망각했을 뿐. 그래서 대통령 윤석열 탄핵 광장에 선 청년 여성인 "우리는 우리가 놀랍지 않다." 그럼에도 탄핵 광장에 참여했던 청년 여성의 목소리와 활동을 기록으로 남겨야 하는 이유는 청년 여성이 광장의 정치적 주체였기 때문이며, 기득권 남성 정치에 의해 탄핵 광장의 의미가 탈취되는 것을 막기 위해서다. 대통령 윤석열이 탄핵되자마자 광장을 밝혔던 청년 여성을 비롯한 소수집단의 목소리는 침묵을 강요받았고, 대선 결과가 나오고 이재명 정부가 출범하자마자 또다시 침묵을 강요받고 있는 지금. 불과 몇 달 전이었던 탄핵광장의 치열했던 정치의 시간을 되돌아보고, '다음' 정치와 '다른' 정치를 고민할 수 있게 해주는『우리는 우리가 놀랍지 않다』가 세상에 나와서 반갑다. 바뀌지 않을 듯한 한국 정치가 바뀔 수 있을 거라는 희망을 전해주는 10명의 정치한 목소리가 더 많은 여성과 청년에게 가닿기를 바란다.

저자의 말

인터뷰라는 장르는 희한하다. 알고는 있었지만 『우리는 우리가 놀랍지 않다』를 쓰면서 더욱 절실하게 느꼈다. '윤석열 퇴진 광장에 나온 청년 여성들의 광장 정치'를 표방하는 책에서, 그들의 정동을 이해하기 위해서는 삶 전반에 관해 물어야 했다. 길지 않은 시간에 한 사람의 생애를 문답을 통해 듣고, 그걸 몇십 쪽에 불과한 글로 요약한다는 건 사실 불가능한 일이다. 어쩔 수 없이 글에는 인터뷰어인 나의 주관이 개입되고, 인터뷰이의 삶이 내가 이해한 만큼만 요약·편집된다. 그것은 인터뷰라는 장르의 한계이자 필수불가결한 특성이기도 하다. 책을 쓰는 내내 나는 '나'라는 필터를 계속해서 의심하고, 때론 불화했으며, 결국엔 타협했다. 그렇게 옮겨진 청년 여성 10인의 삶에 왜곡이 없기를 바란다. 그리고 그것이 곧 독자들에게 오해 없이 전달되기를 더욱 간절히 바란다.

여러 노력에도 불구하고 많은 아쉬움이 있다. 비수도권 지역의 목소리를 많이 담지 못했다는 것이다. 10명의 인터뷰이 중 비수도권 집회에서 주로 활동한 이는 2명뿐이다. 서울, 경기,

인천, 충남, 광주, 대구에 거주하는 이들의 목소리를 담은 가운데, 강원과 제주 등 다른 지역의 목소리를 담지 못했다. 또한 내란 국면에서 비수도권 지역 집회에 직접 가보지 못한 것은 두고두고 아쉬움으로 남았다. 이를 보완하기 위해 인터뷰이의 말과 지역 언론의 기사에 상당 부분 의지했다.

내가 만난 청년 여성 10인은 102030 여성 전체를 대표하지 않는다. 그러나 그들의 삶을 자세히 들여다보는 작업은 그 자체로 의미가 있었다. 누군가에게는 '놀라움'이었을지 몰라도 여성들은 이미 오래전부터 알았던 '우리'의 정치적 역량을 조명하는 일이었기 때문이다. 이 책은 윤석열 퇴진 광장을 더욱 자세히 기록하려는 노력을 담은 결과물이다. 또한, 광장 이후의 정치를 도모하는 작은 토대가 되기를 바라는 마음이 담겨 있다.

자신의 삶을 기꺼이 열어 보여준 10명의 인터뷰이와 의미 있는 기획을 제안해준 출판사 틈새의시간에 경애를 바친다.

2025년 9월 1일

추천사 5
저자의 말 6

프롤로그_광장을 만든 여성들의 '레이어' 13
여성들은 늘 광장에 있었다
'정치력'을 고루 갖춘 10명의 인터뷰이를 만나다
광장에 나온 여성들은 누구인가
광장이 닫혀도 행진은 멈추지 않는다

계엄 날, 군인과 눈이 마주쳤다_00년생 김다인 21
'붕괴' 상태였던 그 밤
군인을 빤히 볼 수밖에 없었어요
계엄의 무게를 아는데, 어떻게 안 가요?
가장 급한 불은 '페미니즘'
청년 여성, 문화의 주도권을 쥐다
"이번 광장은 제 바운더리였어요"

광장을 조직하는 여자_94년생 이재정 42
'계엄'이라는 말에 '즉각적으로' 반응했다
'안녕들하십니까'부터 '미투'를 거쳐
39도 고열에도 버티던 '한강진의 밤'
조직에서 선전까지, 낙관의 에너지로 만드는 정치적 광장
광장 정치, 제도권 정치가 될 수 있을까

록페의 깃발이 투쟁의 깃발로_94년생 '내향인' 기수 72
야근 중 들었던 그 밤의 헬기 소리
여성 기수들이 바꾸는 집회와 '록페'
세월호와 '불편한 용기', 이태원 참사를 지나
연대가 필요한 곳이면, 어디든 달려갈 것

그 많은 응원봉은 어디서 왔을까_97년생 김지연 92
'가짜 뉴스 지라시'인 줄 알았던 비상계엄
"내가 직접 여성들을 초대하자"
'헬걸'들에게 정치는 이미 익숙하다
"아이돌 홈마 계정을 운영하는 감각으로 했어요"
아름다운 이별을 꿈꾼다

'말벌 동지'가 된 동덕여대 졸업생_97년생 김강리 121
그날 나는 가족도 설득하지 못했다
내가 다시 광장에 서는 이유
탄핵 이전에 여대 시위가 있었다?
동덕여대 학생들이 '말벌 동지'가 된 까닭
나의 참여로 그 공간이 안전하기를
관점으로서의 '여성'과 '논바이너리'
정치를 두려워하지 않으려면
'87년 체제'를 뒤엎는 개헌 도모해야

남태령의 축제 주최자_88년생 김후주　146
발포가 있을까 두려웠던 밤
국가폭력에 처음 맞서는 이들의 '순도 100%의 화'
외로운 이들이 느낀 생경한 감각, '연대'
스피노자를 연구한 10년 차 농민의 정치

45년 만의 '시민은 도청으로'_00년생 나수하　165
전일빌딩의 탄흔이 생각나던 밤
시험 마치자마자 달려간 광장, 거기서 만난 타이거즈
광주에서, 야구가 정치가 된 이유
금남로에 나타난 극우 세력에 맞서다
깃발의 기수로, 노조원으로
약자들이 지켜낸 곳으로서의 '광장'

'혐중'에 대항해 마이크를 들다_06년생 최서연　183
종강 날 느닷없이 날아든 '계엄'
'남성주의자'의 계엄으로 시작된 광장 생활
중국 혐오에 대항해 마이크를 들었습니다
쏟아지는 악플들, 실은 괜찮지 않았다
'혐중'이라는 이름의 혐오와 미세 공격
일상적인 '디아스포라'의 경험
혐오는 늘 교차적이다
혐오를 향한 대책과 방책

TK의 딸은 늘 광장에 있었다_93년생 햐 203
나도 모르는 사이 '계엄 세대'가 됐다
TK도 여성도 놓을 수가 없어요
TK의 딸들은 '개념녀'가 아니다
말벌 동지는 '어떻게' 만들어지는가
'TK=보수의 심장'은 이제 그만

광장에서 배운 앨라이 되기_96년생 솔 220
'삼청교육대'를 떠올리게 하는 실체적 공포
출퇴근하듯 드나든 광장, 그곳에서 만난 사람들
광장에서 배운 앨라이 되기
광장에서 그들은 '아는 사람'이 됐다
남성이라는 성별과 불화하다
'사람을 사람으로' 대하는 정치를 꿈꾼다
온정과 상호 부조를 조소하는 청년 남성들

집담회_우리의 광장은 끝이 아니야 241

에필로그_우리, 무한히 정치적인 존재들 283
여러 갈래의 광장 정치
또 다른 싸움을 앞두고
광장과 일상의 낙차 너머를 꿈꾸는 사람들

일러두기

단행본은 『 』로, 간행물에 실린 글, 논문, 쪽글 등은 「 」로, 신문과 잡지는 《 》로, 예술작품 및 영상물의 타이틀은 〈 〉로, 노래와 기사 제목, 단행본에 실린 글은 작은따옴표로 표시하였다.

( ) 안의 내용은 지은이의 부연설명이다.

인터뷰집 특성상, 현장감과 구어체 느낌을 살리는 것이 중요하므로 외래어나 신조어, 비속어 등을 비롯한 단어가 표준 맞춤법이나 외래어 표기법에 따라 틀린 표현일지라도 되도록 수정하지 않았다.

프롤로그
광장을 만든 여성들의 '레이어'

 2024년 12월 3일 비상계엄으로 시작된 윤석열 퇴진 광장에서 여성 청년들은 두 가지 이슈와 싸워야 했다. 하나는 위헌적 비상계엄을 일으킨 내란 세력이고, 다른 하나는 광장에 선 여성을 '놀라움'으로만 소비하는 시선이었다.

 비상계엄 이후 첫 주말, 국회 앞에 모인 인파 가운데 10명 중 3명은 2030 여성이었다.* 그들이 들고 나온 K팝 응원봉은 곧 탄핵 광장의 상징이 됐다. 그럼에도 집회 초반 언론 보도는 성별 요소를 무화한 'MZ'라는 호명 일색이었다. 그 부분을 바로잡기 위해 '청년 여성'이라는 발화를 거듭하자, 이들을 갑자기 팝업된 '기특하고 대견한 소녀'쯤으로 치부하는 행태가 이어졌다. 이러한 맥락 속에서 "2030 남성들에게 전하는 정보"라며 "여자들이 집회에 많이 나온다"라고 말한 박구용 전남대 철

---

* 이수민, '여의도 탄핵 집회, '20대 여성'이 가장 많았다…10명 중 3명은 '2030 여성', 《경향신문》, 2024/12/12.

학과 교수의 발언은 여성들의 분노를 자아냈다. 이는 청년 여성을 광장의 객체로 폄훼하는 한편으로 성애적 대상화를 감행하는 언사였기 때문이다.

박 교수뿐만이 아니다. 대다수 중년 남성들 역시 일련의 집회를 두고 "여성들이 많이 나와 깜짝 놀랐다"는 식의 발언을 이어갔다. 그러나 이는 그간 여성들이 만들어온 광장에 부러 눈을 감았거나 무지했다는 고백일 따름이다. 유구한 세월, 여자들은 늘 광장에 있었기 때문이다.

여성들은 늘 광장에 있었다

'촛불집회는 사실상 여성들이 주도했다고 해도 과언이 아니다. 촛불 참여자의 70%는 여성이 차지했다.' 2008년 7월 9일자 《경향신문》 '고비마다 촛불 이끈 아마조네스 부대' 기사의 첫 문장이다. 2024년 12월에 나왔다고 해도 무방할 이 기사는, 이명박 정권에 대항한 미국산 소고기 수입 반대 집회에서 여성들이 구심점 역할을 했다고 분석한다. 기사는 1987년 6월항쟁에 '넥타이 부대'가 있다면 2008년의 촛불집회는 '아마조네스(그리스신화 속의 여전사) 부대'가 이끌었다고도 덧붙였다. 아마조네스 부대는 촛불을 든 어린 여학생인 '촛불 소녀'와 아이와 함께 나온 '유모차 부대'를 포함한다. '일상의 얼굴'로 표상된 여성들이 광장에서 점차 뚜렷한 정치적 주체로 자리잡게 된 것은 2016년 박근혜 퇴진 집회 때였다. 그들은 박근혜 대통령을 향한 '닭년', '미스박' 등의 여성혐오 표현에 적극 항의하며 '페미존'을 만들기도 했다.

그리고 2024년 12월, K팝 응원봉으로 상징되는 여성들이 절대다수의 존재로 다시 한번 광장에 나왔다. 나는 이쯤 되면, 우리의 질문이 바뀌어야 한다고 생각했다. '광장에 선 여자'가 '디폴트'(기본값)임은 이미 확인되었다. 그렇다면 이제 '왜 여자는 광장에 서는가'를 넘어서는 질문, 즉 '왜 여자는 정치적인가'라는 데까지 나아가야 하는 것 아닐까?

물론 다소간의 추론은 가능했다. 구조적 성차별을 전면적으로 부정하고 나선 정권의 등장과 이로 인한 백래시는 여성들로선 참을 수 없는 일이었다. 여기에 국민들의 자유와 생명을 위협하는 한밤의 비상계엄은 불난 데 기름을 끼얹는 격이었다. 여성혐오 사회 속에서 늘 일상 속 성차별과 젠더폭력을 공론화하고, 온라인으로 국민 청원을 하고, 거리에 나서 집회를 벌여온 이들이 바로 여성 아닌가? 어느덧 20년이란 세월을 넘어, K팝 팬덤으로서 엔터테인먼트사와 아티스트를 상대로 저항과 타협의 정치를 벌여온 주체 역시 여성이 아니었던가? 한마디로 여성들은 늘 정치적 의사 판단을 근거로 발화하고 문제를 해결하기 위해 결집하는 일을 반복해왔다.

그러나 나는 기자로서 짐작을 넘어 당사자의 목소리를 직접 듣고 싶었다. 나 또한 2030 여성의 일원이지만, 나의 경험으로 한정하는 것은 명백한 한계가 있었다. 게다가 K팝 팬덤 문화 등에 대해 매우 무지했다. 대신 매번 기록하는 사람의 위치에서 광장에 충실히 나갔고, 그들의 정치적 행동을 유심히 관찰했다. 세상이 광장에 나온 2030 여성들에 놀랄 때, 나는 '우리'의 등장에는 역사적 연원이 있음을 말하고 싶었다. 그래서 세상이 몰랐던(혹은 자주 잊었던) 그들의 기원을, 그네들의 말로 직접 옮기기로 했다.

'정치력'을 고루 갖춘 10명의 인터뷰이를 만나다

이 책은 오마이뉴스에 2025년 3월부터 5월까지 10회 연재한 인터뷰 기사 '우리는 우리가 놀랍지 않다'를 바탕으로 다시 쓴 것이다. 정확히는 '102030' 세대 여성 10명의 생애사를 따라가며 그들이 왜 광장에 나섰는지, 어떤 모습으로 참여했는지, 어떤 일상을 살아가는지, 그리고 그 이후의 행보와 고민은 무엇인지 차분히 들여다보고자 했다. 무엇보다 나는 이들의 광장 정치를 말하고 싶었다. 공저로 참여한 『다시 만날 세계에서』 책에서 나는 광장에 나온 청년 여성들에게는 '정치력'이 있다고 썼다. 이 시대의 청년 여성들은 윤석열 정권의 안티페미니즘 정치와 여성혐오적 분위기에 끊임없이 저항했고, K팝 콘텐츠의 소비자이자 감시자, 그리고 생산자로서 정치적 발화를 이어왔다. 그래서 나는 "'정치력'이라는 것이 있다면 거기에 필수적으로 포함될 만한 기본 소양들, 기동력·기획력·전달력·실행력 등을 여성들은 전투적으로 연마한 셈이다"*라고 주장했다.

내가 만난 10명의 인터뷰이들은 이들 기동력·기획력·전달력·실행력을 고루 갖춘 이들이었다. 이들은 각종 집회에 참여해 시민 발언에 나섰고, 광장의 기수가 되었다. 시민을 향해 달려오는 군용차를 온몸으로 막아섰으며, 성난 민의를 무시하는 국회 앞을 사흘 밤낮으로 지켰다. 농민들의 트랙터 행진을 막는 경찰 차벽에 대항해 남태령에 모여줄 것을 시민들에게 호소했다. 광장의 행진을 주도하는 사회자가 되었고, 윤석열 정권에 맞선 청년 모임을 조직했으며, 대학원생의 노동자성을 인정할 것을 촉구하며 노동조합을 꾸렸다.

무엇보다 이들은 '정치'라는 말에 위화감을 느끼지 않는다는 점에서 뚜렷한 특색을 지닌다. 일상 속 투쟁이, 광장에서의 외침이 곧 정치임을 알고 있었고, 그래서 정치 혐오에 빠지지 않기 위해 나름대로 노력해왔다. 윤석열 퇴진 광장 내부에서도 종종 드러났던 각종 혐오의 징후인 여성혐오, 트랜스젠더를 포함한 퀴어 혐오, 지역 혐오와 이주민 혐오에 맞서 이들은 적극적으로 문제를 제기했고, 지치지 않고 목소리를 냈다.

---

*　강유정 외 8명, 『다시 만날 세계에서』, 안온북스, 2025, 173쪽.

나이로는 1988년생부터 2006년생까지, 10대 1명, 20대 6명, 30대 3명이다. 6명은 실명을 공개했고, 4명은 깃발 이름과 가명, 소셜 미디어 'X'(옛 트위터)상의 닉네임과 활동명으로 이름을 대신했다. 3명은 인터뷰에서 퀴어임을 밝혔다. 여성이라는 범주는 당연히 '시스젠더[*] 여성'만을 의미하지 않는다. 스스로를 논바이너리[**] 와 MTF 트랜스젠더[***]로 정체화한 인터뷰이도 각 1명씩 있었다.

광장에 나온 여성들은 누구인가

인터뷰 결과, 이들이 광장으로 뛰쳐나온 가장 직접적인 계기는 한밤의 계엄이 준 충격이었다. 이에 더해 '여성가족부 폐지'라는 일곱 글자를 대선 공약으로 내걸었던 정권에 대한 반작용도 컸다. 한마디로 윤석열 정권하에서 가장 살기 힘들었던 사람들이 청년 여성이며, 그래서 가장 할 말이 많은 이들이기도 했다는 것이 공통된 진단이었다.

광장에 나온 이유는 거의 비슷했지만, 각자가 취한 정치적 전략에는 차이가 있다. 인터뷰이 중 재정과 후주, 강리는 기존의 '운동권'에 속한다. 이들은 대학에서 학생운동, 여성운동을

---

[*] 태어났을 때 사회가 지정한 성별인 지정 성별과 성 정체성이 일치하는 사람.
[**] 이분법적 성별 구분에서 벗어난 성 정체성.
[***] 출생 시 남성으로 지정됐지만 여성으로 정체화한 트랜스 여성.

했으며, 당적을 가지고 있는 한편으로, 속해 있는 시민단체·노조·정당 조직 등에서 집행부 역할을 하고 있다.

다른 인터뷰이 7명은 재정이 인터뷰 도중 언급한 '기존의 운동권 여성과 다른 여성'들이다. 이들은 학생운동 경험이 없고, 정당에 가입하지 않았다. 이들은 주로 응원봉과 깃발을 들고 광장에 등장했는데, 아이돌과 프로야구의 팬, 록 마니아, 만화·애니메이션·팬픽 등 2차 창작을 기반으로 하는 서브컬처 오타쿠 등의 정체성을 가지고 있었다. 2008년 이명박 정권 당시 촛불집회를 두고 '소녀의 하위문화와 테크놀로지의 발전, 그리고 문화 소비와 문화산업의 관계는 중층적으로 얽혀 있다'[*]고 했던 여성학자 김영옥의 분석은 여전히 유효했다.

광장이 닫혀도 행진은 멈추지 않는다

"내가 좋아하는 가수를 상징하는 응원봉을 들고 광장에 섰을 때, '정치적'이라는 말을 들을까 봐 걱정되지 않았나?"라는 질문에 '전국 응원봉 연대'의 기수 지연은 말했다.

"'내가 좋다는데, 어쩌라고' 싶어요."

실제 아이돌 팬덤 사이에서 그 말이 나오지 않은 것은 아니었다. 우리 아티스트에게 정치색을 묻히지 말라는 비판 말이다.

---

[*] 김영옥, 「여성주의 관점에서 본 촛불집회와 여성의 정치적 주체성」, 《아시아여성연구》 제48권 2호, 2009, 12쪽.

그러나 광장에 응원봉을 들고나오는 일의 효용이, 팬들 사이에서 듣는 비판을 훨씬 뛰어넘는다고 지연은 말했다. 장기적으로는 내란이 종식되는 것이 아티스트에게도 도움이 된다. 또한 그에 앞서 당장에 내가 '좋아하는' 일이다.

광장에 선 여성 10인10색의 분투를 자세히 살펴보는 일은 2024·2025년의 광장을 이해하는 주요한 열쇠가 될 것이다. 앞으로 펼쳐질 정치 국면을 이해하는데도 마찬가지다. 윤석열 정권을 몰아내는 데 앞장선 이들은 사회 대개혁을 추동하는 일도 멈추지 않을 것이기 때문이다. 인터뷰이 중 1명이었던 내향인 깃발의 기수는 말했다. "광장은 끝나도 (일상 속) 행진은 멈추지 않을 것"이라고. 여기, 광장을 만드는 여성들의 '레이어'를 자분자분 들여다보자.

계엄 날, 군인과 눈이 마주쳤다
_00년생 김다인

    2024년 12월 3일 밤 10시 23분, 한국은 느닷없이 비상계엄의 소용돌이에 휘말렸다. 제6공화국 출범 이후 처음이자 1980년 전두환 신군부의 5·17 비상계엄 전국 확대 조치 이후 44년 만의 전국 단위 계엄령이었다. 대통령이 짐짓 진지한 얼굴로 카메라 앞에 서서 '계엄'을 선언했고, 무장한 군인들은 시시각각 국회에 진입하고 있었다. 그 시각, 나는 집에서 얼빠진 얼굴로 그 장면을 지켜보았다. 계엄의 뜻을 모르는 바는 아니었다. 그러나 '설마 21세기에 무슨 계엄?' 하는 식의 낙관이 나를 덮고 있었다.

    곧 동료 기자들이 취재를 위해 여의도로, 회사를 지키러 각자의 언론사로 향하고 있다는 소식이 들렸다. 2년 째 소속 없이 프리랜서 기자로 지내는 나도 선택해야 했다. 여의도로 갈 것인가, 집에 있을 것인가. '국회 사수', '민주주의 수호' 같은 대의는 솔직히 잘 실감 나지 않았다. 다만 21세기에 다시 등장한 계엄이란 대체 어떻게 생겨 먹은 것인지 궁금했다. 그러나 비겁하고 게으른 나는, 새벽에 여의도에서 집이 있는 고양시로 돌아오는 교통편이 마땅치 않다는 이유로 결국 발을 떼지 못했다. 대신 밤새 MBC와 오마이TV 중계, 우원식 국회의장과 이재명 더불어민주당 대표의 유튜브 생방송을 지켜봤다. 이튿날 새벽 1시 1분, 국회에서 비상계엄 해제요구안이 통과되었고, 새벽 4시 25분 윤석열 대통령이 해제를 선포했다. 나는 그제야 침대에 누웠다. 잠이 들기까지는 한 시간 이상 걸렸다. 내가 많이 긴장했다는 사실을 비로소 알았다.

내가 '움찔'만 했던 바로 그 시각, 국회로 내달린 이들이 있었다. 무장한 군인들이 국회에 난입하고, 여의도 상공에 헬기가 뜨는 무력의 밤에 누군가는 국회 앞을 꼬박 지켰고, 누군가는 군인의 총부리를 움켜잡았다. 그리고 누군가는 군용차 앞을 용감하게 막아섰다.

《워싱턴포스트》가 찍고, 이재명 더불어민주당 대표가 소셜미디어에 올린 영상 속에는 여의도로 들어가는 길목인 서강대교 남단에서 국회 방향으로 가는 군용차를 막아서는 시민들이 있었다. 차를 막아선 최초의 시민인 검은색 패딩 차림의 남성 김동현 씨가 차와 일대일로 대치하자, 어디선가 카키색 패딩에 컬러풀한 목도리 차림의 여성으로 보이는 이가 바람같이 달려와 동참했다. 곧 2명의 시민이 더 합세했다.

나는 그 영상을 몇 번이고 돌려보았다. 계엄의 밤에 국회로 뛰쳐나가 서슬 퍼런 군용차 앞을 막아선 이들의 심경을 헤아리려 애썼다. 특히 유일한 여성으로 보이는 카키색 패딩의 그에게 마음이 더 갔다. 차를 밀어내며 주변을 살피던 그의 표정과 몸짓이 오래도록 잊히지 않았다. 어떤 마음이면 그럴 수 있을까.

그의 흔적은 어렵잖게 'X'에서 찾을 수 있었다. 3월 19일, 나는 영상 속 '카키색 패딩' 다인을 만났다. 그가 군용차와 마주섰던 바로 그 서강대교 남단 인근의 카페에서. 계엄의 밤 이후, 그가 언론 앞에 나선 건 그때가 처음이었다.

"현재 학생이고요. 지금 카페 아르바이트하면서 사이버대학교에서 상담학을 공부하고 있어요. 학교보다 더 비중 있게 하고 있는 공부는 프랑스어 공부인데요. 사실 지난달에 델프(DELF)라고, 프랑스어 시험을 봤거든요. 저는 수능도 안 보고, 입시도 한 번도 해본 적이 없어서…. 어떻게 보면 되게 공식적인 시험이었는데 그 시험을 어학원에서 같이 치렀어요."

'붕괴' 상태였던 그 밤

한국민이라면 누구나 계엄이 무엇인지 안다. 박정희 정권의 계엄령, 전두환 신군부에 의한 비상계엄 등을 교과서, 역사책, 뉴스 기사 등을 통해 익숙하게 접해왔기 때문이다. 하지만 계엄을 '안다'는 것과 계엄 상황에서 국회로 뛰쳐나가는 것 사이에는 큰 간극이 있다. 누군가는 두려움에 외출을 삼가고, 누군가는 '21세기에 계엄?' 하며 안일한 반응을 보인다. 반면 누군가는 잠옷 바람에도, 혹은 회식 자리의 술기운으로 불콰한 몸을 안고서도 망설임 없이 국회로 향한다. 이는 단순히 계엄을 교과서로 배워서 '아는' 것과 그것을 피부로 '체감'하고 나아가 그에 '저항'하는 것 사이의 결정적 차이기도 하다.

다인은 그날 밤, 서울 강북구 수유동의 집에서 프랑스 어학원의 비대면 수업을 듣고 있었다. 밤 10시 30분, 친척들이 있는 카카오톡 단체 채팅방에 이모가 보낸 메시지가 하나 올라왔다. '계엄이래.'

"처음엔 '설마, 잘못 봤겠지' 싶었어요. 그러다가 뉴스도 찾아보고 막 뒤져보니까 난리도 아닌 거예요. 그때부터 수업이 하나도 귀에 들어오지 않았어요. 영화에 나오는 것처럼 눈이랑 귀가 작동하지 않고…. 일종의 '붕괴' 상태였던 것 같아요."

그는 '붕괴'라는 표현을 썼다. 오감이 작동하지 않을 정도로 나의 세계가 붕괴되는 순간. '계엄'이라는 말에 "별일 있겠어?"라고 말했다가 "얘가 한가한 소릴 다 하네. 길 가던 사람도 잡아가는 게 계엄이여"라는 엄마의 퉁박을 먹었던 나하고는 현저히 다른 반응이다.

결국 프랑스어 수업이 끝나자마자 다인은 방을 뛰쳐나갔다.

"너무 감정이 북받치는 거예요. 엄마한테 '나 (대학) 편입하려고 그랬는데, 나 이제 공부 좀 해보려고 그랬는데 학교 문 다 닫게 생겨서 어떡하냐'고…. '내가 윤석열 뽑힐 때부터 알아봤다!' 이러면서 그때 감정이 되게 격양돼 있었어요."

의외로 엄마는 차분했다. 우는 다인을 진정시키고, 회식에 갔던 아빠가 돌아오기를 기다려 자정쯤 세 가족이 함께 국회에 갈 채비를 했다. 운전은 한 달 전 면허를 딴 다인의 몫으로 돌아왔다. 첫 장거리 운전이었다.

"아빠가 술을 마셔서 운전할 수 있는 사람이 저밖에 없었어요. '나 이제 동네는 좀 다닐 수 있어' 하는 정도였는데 갑자기 엄마가 '너 차 빨리 몰아. 지금은 (도로에) 차 별로 없을 거야' 이러더라고요. 그래서 길을 잘 모르는데 서울을 관통해서 차를 몰고 온 거예요. 그래서 저는 계엄인 상황에서도 너무 뿌듯하다….(웃음)"

군인을 빤히 볼 수밖에 없었어요

어딘가로 진군하는 검은 군인들과 맞닥뜨리기를 여러 번, 우여곡절 끝 국회 정문에 도착했을 때는 새벽 1시에 가까울 무렵이었다. 누가 봐도 급히 튀어나온 흔적이 역력한, 때로는 담요 바람인 사람들 사이에서 세 가족도 국회 앞을 지켰다. 그날은 '한국인의 피가 끓는' 다인이 생전 처음 겪는 "눈에서 스파크가 튀는" 경험이었다. 불꽃으로 치면 파란색의, 선연한 분노였다. 아무래도 경찰들이 문을 열어주지 않을 것 같아서 국회 문을 "그냥 밀자!"라며 흥분하는 다인을 엄마가 "조용히 해" 하면서 말렸다.

현대카드 건물 앞에서 군용차들이 슬슬 철수를 준비했다. "어딜 가!"를 외치며 차를 에워싸는 성난 시민들 사이, 다인도 있었다. 어느새 정신을 차리고 보니, 군용차와 면 대 면으로 마주한 가운데 주변을 경찰들이 뼁 둘러싸고 있었다. 그때, 어디선가 아빠가 나타났다.

"아빠가 제 목덜미를 잡고 저를 무 뽑듯이 뽑아서 끌고 갔어요. '다인아, 운전해서 집에 갈 거니까 정신을 잘 차려야지' 하면서."

국회의원들이 본회의장에 입장해 계엄해제요구안 표결을 준비한다는 소식이 들릴 때쯤이었다. 지친 다인의 가족은 국회 담벼락을 따라 차를 세워둔 여의도순복음교회 쪽으로 걸어갔다. 그때였다. 여의도 밖으로 빠져나가려던 군용차가 돌연 서강대교 남단에서 우회하더니 다시 국회 쪽으로 들어왔다. 이를 동현이 맨몸으로 막아섰다. 그와 가장 가까운 데 있던 사람이 바로 다인이었다.

"동현 님이 너무 '혼자' 있었고, 제가 가장 가까운 데 있기도 했지만…. 그냥 모든 차를 못 가게 막고 싶은 마음이 제일 컸어요. 여기서 지금 빨리 진상을 조사하면 좋겠다는 생각이 너무 커서…."

차는 '부릉' 하는 엔진 소리를 내며 출발하겠다는 모종의 위협적인 사인을 보냈다. 그러나 다인은 물러서지 않고 더욱 꽉 붙들기 위해 차 범퍼의 구조물을 팔로 감싸안았다.

"저한테 '무섭진 않으셨어요?', '두렵진 않으셨어요?' 이렇게들 물어보셨는데 사실 그때 너무 화가 나 있어서 그 (차에 탄) 군인을 그냥 빤히 볼 수밖에 없었어요. '이게 대체 무슨 상황인지 설명을 좀 해줬으면 좋겠다'…. 그 마음밖에 없었어요."

두 달 후 방영된 MBC 〈PD수첩〉 '깃발 꽂고 전진 – 광장에 선 청년들'에 출연한 다인은 당시 차 안에 있던 군인과 눈을 마주친 순간을 구체적으로 회고했다. "(군용차를) 막았을 때 군인분들이랑 실시간으로 눈을 마주쳤거든요. 근데 그 장면이 집회에 가거나 할 때도 계속 생각나는 것 같아요. 눈빛을 주고받았던 순간이라고 해야 할까요? 같은 젊은이인데 저 사람은 저기서 저 일을 하고 있고, 나는 여기서 이걸 막고 있는 상황에 대해서 계속 질문이 생겼어요. 내가 어떤 상황에 있는 거지? 우리가 어떤 상황에 있는 거지?"

《워싱턴포스트》가 촬영한 영상에는 군인들을 향한 욕설로 추정되는 여러 고성이 '삐' 처리된 가운데, "김다인, 나와. 빨리 가자" 하는 엄마의 나지막한 목소리가 들린다. 어렸을 때, 동네 놀이터에서 천방지축으로 놀 때 엄마가 '밥 먹자'며 부르던 소

계엄 당시 군용차 앞에 선 다인(©김다인).

리와 비슷한데, 훨씬 결기에 찬 목소리였다.

분노가 지나간 자리에 그제야 공포가 들이닥쳤다.

"며칠 지나고 (계엄군이) 사람들 죽이려고 했다는 얘기도 나오고, 어제도 (시신 수송) 가방을 수천 개 주문했다 이런 기사를 보니까 '뭐지, 내가 좀 겁이 없었네…' 하는 생각이 들었어요. 그때는 그렇게까지 무섭거나 앞날이 걱정되기보다는 그냥 '죽기보다 더 하겠나' 하는 심정이었어요."

계엄의 무게를 아는데, 어떻게 안 가요?

서울 출생의 다인은 10살 때부터 12년가량을 강원도의 한 대안학교에서 공부했다. 그래서 스스로를 "어떻게 보면 평범한데, 공교육을 받은 2030 여성들과는 조금 다른 길을 걸어왔던 사람이라 어딘가 소속되지 않고 떠도는 사람. 그랬기 때문에 더 많은 사람이랑 친해질 수 있었던 사람"이라 소개한다. 최근까지 대학 편입 시험을 준비했지만, '네모판' 안에 '나'를 끼워 맞추는 삶에 염증을 느끼고 바로 '어제' 캐나다행 워킹홀리데이를 신청했다.

계엄을 겪지 않았던 2000년생 다인이 '계엄'에 즉각적으로 반응한 데는 대안학교에서 배운 진보적 가치의 영향이 컸다. 그러나 그에 앞서 가족들의 영향이 더 컸다.

"할머니·할아버지, 그러니까 엄마의 엄마·아빠가 민주화운동

할아버지와 함께한 인생 첫 집회. 유모차에 앉은 아기가 다인이다(ⓒ김다인).

을 하셨어요. 그래서 할머니·할아버지의 얘기를 많이 듣기도 했지만, 저는 엄마를 가장 가까이 봤으니까…."

다인이 호명한 '할아버지'는 이해학(80) 성남주민교회 원로 목사다. 이 목사는 경기 성남에서 민주화 투쟁과 빈민 운동을 이끌며 1973년 한국기독교장로회 주민교회를 개척했다. 1974년 1월 8일 박정희 유신 정권이 긴급조치 1호를 선포할 당시 반대 투쟁의 주역으로 징역 15년에 처했다가 39년 만의 재심을 통해 무죄를 선고받았다. 다인은 할아버지의 감옥살이로 인해 남겨졌던 가족들의 이야기를 들으며 자랐다.

"이번에 그 차를 막은 걸 보고 할아버지가 '내 손녀 맞다. 너는 외가의 딸이 맞다' 이러시고, 할머니도 너무 좋아하시는 거예요."

아마 다인에게 인생 첫 집회였을 경험도 할아버지와 함께였다. 2001년, 이 목사가 서울시의 박정희 기념관 부지 제공에 반발해 집회를 이어갈 때 피켓을 든 할아버지 앞 유모차에 앉은 아기가 다인이었다. 어릴 적부터 5·18 광주 묘역도 자주 찾았다. 주민교회 신도로서 1980년 6월 9일 서울 이화여대 앞에서 5·18의 진실을 알리며 분신한 고 김종태 열사를 추모하는 자리였다.

"저는 3살 때라 잘 모르는데 분위기가 굉장히 엄숙하고…. 사람들이 막 웃다가 어떤 이야기를 기점으로 모든 사람이 울기 시작하는 그게 되게 힘들고 무서웠던 기억이 있어요."

묘역 앞에서 오열하던 열사의 어머니 뒤로, 어린 다인이 영문도 모른 채 서 있었다. 옷 위에 그려진 성조기에는 엄마가 매직으로 적은 'NO WAR'가 선명하다. '가장 가까이서 봐온' 엄마의 존재를 통해 다인은 시대의 트라우마를 봤다. "저희 엄마는 박근혜가 당선됐을 때 술을 아예 끊으시고, '술을 안 먹겠다. 이 정권 하에서 잠시라도 방심하는 모습을 보이고 싶지 않다'고 하셨어요. 엄마한테는 너무 충격적인 일이고, 상처였다는 걸 저는 어릴 때부터 알고 있었어요."

가장 급한 불은 '페미니즘'

다인은 유년 시절부터 미국산 소고기 반대 집회, 용산 참사 추모, 4대강 반대 집회, 세월호 진상 규명 집회와 학생 인권 집회 등 다양한 현장에 참여해온 '정치적인' 학생이었다. 선거 유세를 도우러 나섰다가 "빨갱이지?"라는 말을 면전에서 들은 기억도 있다.

그런 다인에게 현시점에서 가장 급한 불은 '페미니즘'이다. 2016년 강남역 여성혐오 살인사건과 2018년 혜화역 시위 당시에는 직접 집회에 참여하지는 못했지만 관련 뉴스를 꼼꼼히 찾아보고 책을 읽으며 친구들과 자주 대화를 나눴다.

"그런 의제에 관심이 많았어요. 왜냐하면 같은 성별이고요.

원래 겁이 많은데, 강남역 살인사건 있고 나서는 '나도 그렇게 죽을 수도 있는 거 아니야'라는 마음 때문에도 불안이 더 많아졌어요. 저녁에 다니는 것도 무서워했고요."

그는 청소년기부터 여성에게만 다른 잣대를 들이대는 사회, '여자'라는 이유로 일상에서 자행되는 폭력을 예민하게 감각하고 있었다. 그러나 다인이 유년 시절부터 성인이 되기까지 줄곧 지냈던 대안학교는 비교적 안전한 환경이라는 이유로 '우리 공동체는 안전하기 때문에, 페미니즘이 따로 필요하지 않다'는 입장이었다. 다인은 여기에 동의하지 않았고, 지금보다 더욱 치열하게 '페미니즘'을 말할 필요를 느꼈다.

그렇기에 2022년 윤석열의 대통령 당선은, 다인에게는 도저히 믿을 수 없는 뉴스였다. 별다른 논리 구조도 없이 "여성가족부를 폐지하겠다"고 외치던 사람을 대통령으로 밀어 올리는 표심, 그 표심이 또래 안에서 성별에 따라 극명한 차이로 드러나는 현실이 매우 당혹스러웠다.

"윤석열이 하는 말이 하나같이 다 어이가 없었는데, 그 사람이 당선이 된 거예요. 그날 제가 코로나에 걸려 있었거든요. 너무 아픈데…. 막 이렇게 옆으로 눈물이 진짜 흐르더라고요. 그 사람이 당선되고 말고의 문제가 아니라 20대 남성과 여성 득표율이 그렇게 차이가 난다는 게 너무 무서웠어요(20대 대선 당시 출구 조사에서 윤석열 후보의 득표율은 20대 남성

58.7%, 20대 여성 33.8%로 정반대의 성향을 보였다).″

계엄 이후 열린 윤석열 퇴진 집회에 10번 넘게 참가했다. 다인에게 집회란 "너무 좋은 것"이었기 때문이다.

"만나고 싶었던 친구들도 집회를 빌미로 만났거든요. 같이 가서 놀기도 너무 좋고요. 계엄 이전에는 정치 얘기를 하고 싶어도 못 하는 감이 있었는데, 이후에는 자유롭게 할 수 있어서 마음이 편했어요."

매주 주말에는 집회에 참석하는 것이 '디폴트'이기 때문에, 모든 일정은 집회를 기준으로 조정된다.

"클럽에도 가고 싶은데 집회에도 가야 하니까…. 친구들이랑 광화문 집회 갔다가 이태원 클럽도 갔어요.(웃음)"

가장 기억에 남는 건 아빠와 함께한 깃발 행진이다.

"제가 아빠에게 집회 투어를 시켜주면서 깃발 행진하고, 막걸리 한잔 딱 마시고 집으로 왔어요."

청년 여성, 문화의 주도권을 쥐다

다인에게 2030 여성들이 만들어가는 광장과 광장 이후에 대해 물었다. 먼저, 2030 여성들이 압도적으로 광장에 많이 나온 한편으로, 광장의 주축이 된 이유는 무엇일까.

"문화의 주도권을 쥐고 있어서가 아닐까요. 왜냐하면 불편한 걸 많이 얘기하는 사람한테는 '그럼 네가 얘기해 봐'라고 하게 되잖아요. 여성한테 너무 많은 의제가 주어져 있기 때문에…. 이번 일을 계기로 민족의 명절처럼 다 모인 것 같아요. 계속 크고 작은 의제들이 이어져 와서 여성들 마음속에는 항상 마음의 짐처럼 '나는 저기 못 갔는데', '난 여기까지 못했는데' 하는 것들이 하나씩 있었는데요. 내란 국면을 계기로 하나로 모인다는 느낌을 받았어요.

그리고 트위터가 되게 큰 축이 되지 않았나 생각해요. 트위터에서는 되게 작은 걸로 책잡히는 일이 많잖아요. 근데 이번 광장에서 그런 트위터의 영향력이 굉장히 큰 걸 보고 '와, 되게 신기하다. 이게 이렇게까지 이어지는구나'라는 걸 많이 느꼈어요. 이를테면 남태령에서 일이 났는데 트위터에서 '도와주세요' 했을 때 갈 수 있는 사람들이 다 가서 그걸 막아낸 것도 그렇고요. (다음 날) 아침에 일어나서 저는 (상황을) 보고 또 오열하면서 뛰쳐나갔거든요. 낮에는 녹사평까지 걷는 행진도 참여했어요. 그렇게 할 수 있었던 건 빠르게 소통할 수 있는 창구가 있었기 때문이라고 생각해요. 뉴스를 보고 나서야 움직이면 너무 늦어요. 제가 아빠한테 '지금 뭐가 필요하대', '뭐 해야 된대'라면서 하도 빨리 소식을 전해주니까 아빠가 '이런 거 어디서 들었어?' 그러시더라고요. '트위터에서 그랬어요'라고 했더니 '진짜 트위터가 좋다'….(웃음) 근데 그게 진짜 맞는 말이라고 생각하거든요. 하다못해 집회에서 '여의도 화장실 어디로 가요?', '여의도의 밥집은 어디로 가세요?' 이런 것까지 사람들이 다 알려주고, '여기에 가셔서 이거 얘기하면 커피 드려요' 이런 것도 다 트위터상에서 이뤄진 거잖아요. 영향력이 정말 컸다고 생각해요."

반면 또래 남성은 윤석열 탄핵 찬성 집회에 좀처럼 모습을 드러내지 않는다. 그들과 동시대를 살아가는 여성으로서 다인은 그 '달라지는 지점'에 대해 골몰하고 있다.

"이를테면 제가 편입(준비)한다고, '나 여대 가서 여자들이랑 공부할 거야' 이런 얘기를 하니까 '너 동덕여대 갈 거야?' 이렇게 물어보는 거예요. 그 뉘앙스가 '동덕여대도 갈 거냐?' 같이 약간 비꼬는 느낌? '그런 발언을 왜 할까'…. 하는 생각이 계속 들었어요. 왜냐하면 어차피 같이 살아야 하니까요. 근데 아직 잘 모르겠어요. 달라지는 지점이 대체 무엇인지. '여성 커뮤니티에 있는 따스함이 남성한테 없어서 그런가, 그게 부러워서 그런가'라고 생각도 해보고, 그냥 여성들이 더 많이 불편함을 느끼니까 그만큼 목소리도 더 큰 거 아닌가 생각도 해봤는데 사실 결론이 안 났어요. 자기가 스스로 사고를 하면 그게 아니라는 걸 금방 알게 될 텐데 그 스탠스를 바꾸지 않는 그 고집스러움이 저는 문제라고 생각하거든요. 권력을 쥐려고 하는 가부장제 DNA의 자생 능력이 너무 심해서 그런 거라고밖에는 생각되지 않아요."

다인은 '실은 계엄이 또래 남성들에게 더 위협적인 일이 아니었느냐'고 반문했다. 남성 징병제 하에서 군사적으로 동원될 위험이 있기 때문이다.

"저는 계엄이 일어났을 때 제 남성 친구들이 다 동원되는 거 아닐까 싶어서 '연락해야 되나?'라고 생각했는데, 사실 다들 '잠을 잘 잤다'고 하더라고요. 그냥 제 주변에도 '그런 일이 있었나 보다' 하는 사람들이 더 많았던 것 같아요. 제가 모르는 사이에 (집회에) 갔길 바라지만요.(웃음)

가시적으로 연대해주는 게 중요한 일이라고 생각하는데요. 여성 친구들은 '내가 이번 주에 집회에 못 갔는데, 가줘서 너무 고마워' 이런 얘기를 쉽게 하거든요. 근데 그 친구들(남성)한테서는 왜 그런 이야기가 안 나올까…. 그런 게 남자·여자라서가 아니라, 같은 세대로서 좀 서운해요. 같은 목소리를 내지 못하는 점이요. 그래서 제가 엄마·아빠한테 '엄마 아빠 세대에는 그래도 여자랑 남자가 같이 운동하면서 싸웠는데, 우리는 남자랑도 싸워야 하고, 권력이랑 정치랑도 싸워야 돼. 그래서 너무 힘들다' 이런 얘기를 했거든요. 그게 맞는 것 같아요. 그래서 2배로 스트레스를 받는…."

다인은 탄핵 찬성 집회에 2030 남성이 적다는 데는 동의했다. 하지만 그렇다고 탄핵 반대 집회에 그들이 많다거나 청년 남성이 전반적으로 극우화됐다는 진단에는 선을 그었다.

"어떤 느낌이었냐면요, (탄핵 찬성 집회에는) 또래 남성이 있어도 여성 동지들이랑 같은 그룹에서 한두 명 껴서 오거나, 여자친구랑 오거나, 아니면 혼자 약간 어색하게 서 계시는 걸 자주 봤던 것 같고요. 지금은 저희 엄마·아빠 세대 분들이 많이 오시는 것 같더라고요. (여러 세대가) 뒤섞인 느낌이긴 한데…. 근데 그렇다고 '극우 집회에 20대 남성이 과연 많은가?'라고 질문을 던져보면 그건 극우가 만든 프레임이라고 생각해요. 사실 실제로는 그렇게 많지 않고 노인분들이 더 많으신데 청년 남성이 몇 명 껴 있는 걸로 '20대 남성이 극우다' 이렇게 만드는 프레임을 저는 경계하고 있어요. 왜냐하면 그 프레임이 잘못됐다, 아니다를 떠나서 제 마음의 평화를 위해…. 제 안에서 '20대 남자 다 극우다' 이런 식으로 자꾸만 극단적으로 생각하게 되는 거예요. 그것 때문에 스트레스를 받고요. 그래서 엄마·아빠랑 그런 대화를 할 때도 내 마음에서, 나도 윤석열이랑 똑같은 마음이 들 때가 있어요. '내 마음에서 계엄령…. 다 잡아가고 싶다, 나도.' 같은 극단적인 마음까지 드는 거예요. 근데 그게 너무 저를 해치는 일이잖아요. 그래서 그런 거 말고 지금 있는 내 친구들, 지금 나한테 쏟아지는 응원 같은 데 집중하려고요. 그냥 그런 걸 붙들고 있으면 지나가지 않을까, 생각했어요."

"이번 광장은 제 바운더리였어요"

갓난아기 때부터 광장에 있었던 다인이다. 그에게 광장은 늘 익숙하고 친숙한 공간이었지만, 이번에 경험한 광장은 이전과 달랐다. 남의 것이 아닌, 처음으로 '내 것'이라 말할 수 있는 광장이었다.

"박근혜 탄핵 시기까지는 광장에 나가는 데 엄마·아빠의 영향이 더 컸어요. 나가면 꼭 1명쯤은 엄마·아빠의 친구나 지인을 만나게 되다 보니 엄마·아빠의 '바운더리'(구역)에 속한 사람들이 모이는 공간이라는 생각이 있었거든요. 근데 이번 광장은 제 '바운더리'였어요. 그런 인식이 정말 감동적이었어요. 제가 광장의 언어를 이해하게 되었다는 거요. 정치적인 활동을 제법 많이 해왔지만, 그 바탕을 진짜 이해하고 활동했던 건 이번이 처음이었던 것 같아요."

이제 그는 더는 부모의 바운더리 안에 있는 시민이 아니다. 광장은 다인의 바운더리가 되었고, 그는 그 중심에 서 있었다.

'광장 이후의 정치' 또한 다인은 '광장처럼만' 하면 된다고 생각한다.

"광장에서 이루어냈던 문화들이 똑같이 정치에서도 이루어지면 된다고 생각해요. '이런 불편감이 있고, 이런 의제들을 해결해주세요'라고 말했을 때 정치인들도 광장에서는 그걸 순순히 따라줬다고 보거든요. 시민들도 그걸 이해하고 받아들이는

여의도 국회의사당 앞에서.

속도가 굉장히 빨랐고요. 광장에서 김건희 씨에 대해서 여성혐오적인 발언이 나왔을 때, 페미니스트들이 '그런 말 하지 않았으면 좋겠다'고 말하는 것들이 수용되었잖아요. 그게 문화를 바꾸는 거고 그게 곧 법을 바꾸는 거 아닐까…. 그런 식으로 모두가 조금씩 의제의 참뜻을 이해하려고 노력한다면 충분히 바꿀 수 있지 않을까요?"

계엄 날 국회 앞에서는 화가 났고, 이후 이어진 집회에서는 줄곧 감동을 받았다는 다인은 인터뷰 도중 자주 웃다가 울다가 했다. 특히 '바운더리'라는 말을 꺼낼 때는 자신도 모르게 눈물을 흘렸는데, 나는 정확히 그 이유를 알 것 같았다. 이제 광장의 주역인 다인이 부모님을 자신의 '바운더리'로 초대한 것이 2024년과 2025년의 광장이기 때문이다. 여름쯤 캐나다행을 계획 중인 다인은 "언어 능력을 더 키워서 더 많은 이와 소통하고 싶다"라고 말했다. 그가 앞으로 들려줄 다채로운 말들이 더욱 기대된다.

광장을 조직하는 여자
_94년생 이재정

KBS의 12·3 비상계엄 증언 채록 프로젝트인 〈그날 그곳에 있었습니다〉를 보았다. 유튜브에 올라온 영상 클립들을 훅훅 넘겨 가며 보던 중 '계엄의 밤 국회의 출입문을 붙잡은 중앙대학교 대학원생 이재정'이라는 자막이 눈에 들어왔다. 내가 아는 얼굴이 나왔다. 10분 남짓한 영상에서 그날 일을 차분하게 회고하는 재정을 보면서 문득 '쓰고 싶다'는 마음이 들었다. 그를 제법 가까운 거리에서 지켜본 사람으로서 나는 윤석열의 계엄 선포 기자회견 이후 30분 만에 국회로 달려간 이재정의 저력을, '이재정'이라는 사람의 레이어를 보여주고 싶었다. 10분짜리 영상에는 다 담기 어려운 이야기들이 있으니까.

그를 처음 만난 건 2021년이었다. 당시 나는 서울신문의 젠더 담당 기자가 된 직후였다. 당시 '젠더 담당'이라는 직제 자체가 언론사에 드물었기에 막막했다. 나는 아이템을 찾으러 '국회 마와리'(할당받은 출입처를 돌며 취재하는 일)를 돌기 시작했다. 여성·젠더 이슈에 관심이 있는 국회의원이나 보좌진을 만나 그들의 관심사나 관련 법안 발의 상황 등을 듣는 것이 목표였다. 겸임 상임위라 주목도가 낮은 국회 여성가족위원회의 위상을 보여주듯, 여성 정책에 밝은 의원이나 보좌진을 만나기는 쉽지 않았다. 하릴없이 국회를 빙빙 돌던 어느 날, 젠더와 여성 정책에 놀라울 정도로 해박한 보좌진을 만났다. 바로 재정이었다. 21대 국회 당시 재정은 더불어민주당 소속 의원실의 비서관이었다.

여성단체 활동가 출신의 국회 보좌진이었던 재정은 2022년 국회를 떠났고, 2023년 중앙대 사회복지학과 석사과정에 진학했다. 이후 나는 그를 간간이 마주칠 때마다 대학원이라는 공간이 그에게 어떤 의미인지, 그 속에서의 삶은 또 어떤지 궁금해지곤 했다. 학생운동과 시민단체, 국회와 정당 활동까지, 30대 초반의 젊은 나이에 이 모든 것을 경험한 그가 다시 학교로 향한 이유가 궁금했다. 국회에서 보건복지위원회 활동을 했던 그는 시민의 삶에 더욱 밀접한 복지 정책을 깊이 고민하게 되었고, 결국 그 고민이 자신을 대학원으로 이끌었다고 했다.

그를 다시 보게 된 것은 2024년 11월 28일, '윤퇴청'이라는 귀에 꽂히는 이름의 단체 발족 소식을 접했을 때였다. 온라인으로 모였다는 '윤석열 퇴진을 위해 행동하는 청년일동'(후에 '윤석열 퇴진을 위해 행동하는 청년들'로 변경됐다)의 사진 속,

기자회견에서 마이크를 든 재정 (ⓒ불평등물어가는범청년행동).

단체의 대표를 맡은 재정이 있었다. 윤퇴청은 "민주주의 무너뜨리는 윤석열은 퇴진하라"며 청년 시민 시국선언을 발표했다. 한밤의 계엄이 터지기 열흘 전이었다.

12월 7일, 국회에서 국민의힘 의원들의 퇴장으로 탄핵안 표결 시도가 무산되자 국민의힘 당사 앞에서 신박한 장례식 퍼포먼스를 벌인 것도 윤퇴청이었다. 이후 재정은 22개 청년 단체가 참여한 '윤석열 물어가는 범청년행동'과 전국 1,700여 개 시민사회단체가 모인 '윤석열 즉각퇴진·사회대개혁 비상행동'(비상행동)의 공동대표를 맡았다. 계엄 당일부터 탄핵 집회에만도 '본인 피셜'(그의 말에 따르면) 100회 넘게 참가했다고 한다.

대학 사회와 시민단체, 국회·정당을 거쳐 광장을 만들고 꾸리는 자. 끊임없이 사회적 연대와 조직화 방안을 모색하고, 실행에 옮기는 사람. 나는 재정이야말로 올라운더 '젊치인'(젊은 정치인을 뜻하는 말)의 영역에 속하는 인물이라고 생각했다. 그는 또한 12·3 계엄 당시 일찍 국회로 달려나가 모든 상황을 목도하고, 군인들에 맞섰던 사람이기도 하다. 그를 꼭 만나야 했다.

2025년 3월 18일, 국회 앞 카페에서 재정을 만났다. 그즈음 연일 광장 생활을 이어가던 재정의 얼굴은 척 봐도 파리했지만, 눈만큼은 생기가 돌았다. "'이 시국'에 직함만도 3개인데,

요즘 일상이 어때요?"라는 질문에 그는 웃었다.

"요즘 일상이요?(웃음) 일단, 제가 비상행동 상황실 스태프로 들어가 있어서…. 제가 행사 기획팀 소속이에요. 집회가 있는 토요일은 전반적인 집회를 기획하고, 행진의 사회를 보고 있고요. 화요일은 온종일 비상행동 회의를 해요. 수요일은 범청년행동 회의가 있고요. 나머지 시간에는 더 많은 또래 청년이 광장에 나와 연대할 수 있도록 윤퇴청 팀과 함께 다양한 프로그램을 기획하고 있어요. 또 대학원생이니까 연구도 하고 조교 일도 하고, 생업도 하고요."

"생업은 따로 있는 거예요?"

"돈 되는 일 다 합니다. 연구 분석 같은 거 들어오면 하기도 하고, 글(기고) 써 달라고 하면 쓰고요."

"졸업 논문은요?"

"쓰고 있어요(그는 그해 8월, 중앙대 사회복지학과 석사 과정을 졸업했다). 이 와중에 국제 저널에 투고도 했습니다. 돌봄 서비스가 디지털 기술과 만났을 때 어떤 변화가 일어나는지에 관한 연구를 하고 있어서, 그걸 투고하고 지금 심사 결과를 기다리고 있어요."

'계엄'이라는 말에 '즉각적으로' 반응했다

재정에게 계엄 선포 당일의 상황을 자세히 물어봤다. 재정은 그날 서울 마포구의 홍익대학교 인근에 있는 '정치학교 반전'에서 수업을 듣고 있었다. '초당적 청년 정치학교'를 표방하는 '반전'은 다양한 공적 영역에 헌신할 청년 인재, 그중에서도 향후 선출직에 도전할 인재를 길러내는 것을 목표로 삼은 곳이다. 강의가 여느 때보다 길어지던 그 시각, 누군가 "계엄이래요"라고 말했다.

"뭔 '가짜 뉴스인가' 싶었는데, 갑자기 연합뉴스 속보가 뜨더라고요. 강의실에 있던 프로젝터에 노트북을 연결해 방송 생중계를 보기 시작했어요. 진짜 '비상계엄을 선포한다'는 얘기가 나와서 일동 모두 당황했고…."

웅성웅성하는 와중에 누군가 "계엄을 해제시키려면 국회의원들이 국회로 가야 된다고 하더라"고 알려주었다. 수강생 가운데 국회의원실 비서관들이 몇몇 있어서 이들은 곧바로 국회로 복귀해야 하는 상황이었다. "'일단 국회로 가보자'며 강의를 듣던 일부 사람들의 의견이 모아졌어요. 10명 정도가 차 두세 대에 나눠 타고 국회로 이동했어요."

재정이 국회에 도착한 시각은 밤 11시. 계엄을 선포한 10시 23분으로부터 약 40분이 흐른 뒤였다. 계엄사령부 포고령에 따라 계엄의 효력이 발휘되는 시점이 바로 그 무렵이었다. 그때까지만 해도 국회에는 사람이 많지 않았다.

"완전 한산했어요. 국회 2문(국회 정문 중 하나로 차량이 들어가는 문) 쪽으로 처음 갔을 때는 경찰이 한 줄로 서 있고, 시민들은 한 30명 정도밖에 없었어요. '왜 이렇게 한산하지?' 하면서 들어갈 수 있을까 싶었는데 경찰들이 막고 있었어요. 1문(국회 정문 중 하나로 차량이 나가는 문) 쪽으로 갔더니 그쪽엔 사람들이 좀 더 많았고, 보좌진들이 (경찰들한테) 출입증을 보여주면서 '들어가야 된다'고 하고 있었어요. 저는 지금 당장 국회 출입증이 있는 상황이 아니니까 '어떡하지' 하고 있는데, 사람들이 경찰들이랑 몸을 밀치면서 실랑이를 벌이길래 저도 '문 여세요! 직원들인데 들여보내세요!'라고 외쳤어요. 그러다가 얼떨결에 갑자기 대오가 뚫리면서 저도 철문 안으로 들어가게 됐어요."

철문 안에 들어서니 평소 알고 지내던 국회 보좌진들과 국회 출입 기자들의 얼굴이 보였다. "다들 '여기 왜 왔냐', '저도 잘 모르겠는데요' 하면서 뻘쭘하게 있었는데, 점점 경찰들 분위기가 삼엄해졌어요. '출입증을 보여줘야 들여보낸다'더니, 나중에는 '출입증 보여줘도 안 들여보낸다'고 하면서 철문을 닫으려고 하는 거예요. 그래서 보좌진들이랑 같이 그 철문을 붙잡고 못 닫게 막고 있었어요."

그리곤 그 자리에서 시민들과 함께 비교적 일찍 국회에 도착한 의원들을 안으로 들여보내는 역할을 맡게 됐다. "중계 영상 보면 초반에 조국 의원님이 오셨잖아요. 조 의원님 포함해서 초반에 오셨던 분들은 사람들이 실랑이해 가지고 '의원님들 들여보내자' 해서 철문 안팎에서 '으샤샤' 해서 의원님들을 안으로 들여보내냈어요." 재정이 직접 찍은 사진 중에는 국회 정문을 막 통과한 조국 당시 조국혁신당 대표가 카메라 앞에서 기자들의 질문에 답하는 장면도 있었다. 11시 40분부터는 군 헬기의 무자비한 프로펠러 소리가 들려오기 시작했다.

"'이게 무슨 소리지?' 하면서 하늘을 봤는데 헬기가 있는 거예요. 태어나서 그렇게 가까이서 헬기를 보는 것도 처음이고, 그런 소리도 너무 충격적이었어요. 그전까지는 어안이 벙벙해서 '이게 무슨 상황이지?' 하고 있었는데, 헬기가 날아드는 걸 보면서 '이제 망했다, 이거 장난 아닌데' 싶더라고요. 헬기가 오던 즈음에 눈도 흩날리고 있어서 '대체 이게 무슨 영화 같은 장면이지' 싶으면서 '무섭다'는 생각이 확 들었어요."

윤석열 이전 마지막 계엄은 1980년이었다. 그러니 1994년생인 재정은 계엄을 몸소 겪었던 세대는 아니다. 같은 날, 국회 앞에서 군용차를 막아섰던 2000년생 다인은 민주화운동에 투신했던 가족사를 바탕으로 '계엄'이라는 말의 무거움을 온몸으로 체감했고, 그만큼 감정적으로 동요했다. 그렇다면 재정은 어땠을까. 그가 국회로 향하게 된 데에는 어떤 정동이 작용했을까. 그는 말했다.

"워낙 민주화운동에 관심이 많았고요. 예전에 한국여성단체

2024년 12월 3일, 여의도 밤하늘에 나타난 헬기(©이재정).

연합에서 일했을 때도, 잠깐 민주화운동기념사업회에서 일했을 때도, 민주화운동과 여성운동의 역사를 정리해서 콘텐츠로 만드는 작업을 했어요. 저희 대학 동문 선배님 중에 민주화운동을 하다가 의문사당한 분이 있는데, 그분의 기념사업을 하는 '이내창기념사업회' 운영위원이기도 해요(이내창은 중앙대 안성교정 총학생회장으로 학생운동을 하다 1989년 주검으로 발견되었다). 그런 경험들이 차곡차곡 쌓이면서 계엄이라는 것이 얼마나 엄중한 사태인지, 계엄 국면에서 얼마나 많은 사람이 희생당했고 사회운동을 하는 사람들이 얼마나 혹독하게 탄압을 받았는지 너무 잘 알게 된 거예요. 그래서 '계엄'이라는 단어에 즉각적으로 반응했던 것 같아요."

한 가지 더, 재정은 '자격'에 관한 이야기를 꺼냈다. 늘 정치를 논하고 사회적 발화를 이어가는 청년으로서의 '자격'에 대한 성찰이었다.

"우리('정치학교 반전' 수강생)는 백날 사회문제가 어떻고, 정치가 어떻고 이런 걸 공부하고 말하는 사람들이잖아요. 그런데 그런 사람들이 계엄 사태 때 정작 아무것도 안 하면? 만일 그렇다면 저는 '그런 문제'에 관심을 가질 '자격'도 없다고 생각해요. 그날 모였던 친구들 역시 정치학교에서 외교나 정치 문제를 연구하던 사람들이었거든요. 그러니까 더더욱 '우리가 달려가야 하는 거 아닌가?' 그런 생각이 들었던 거예요. 그리고…."

사실은 생각할 겨를조차 없었다는 것이 가장 솔직한 심정이었다.

"그냥 그 단어(계엄)에 즉각적으로 반응해서 앞뒤 잴 생각이 별로 없었던 것 같아요. 사람들이 '무섭지 않았냐', '왜 달려갔냐', '다음 날 일정은 뭐 없었냐' 이런 질문을 많이 해주셨는데 사실 그런 것까지 따지고 생각할 겨를이 없었어요."

앞서 다인이 말한, 군용차를 막을 때 느꼈던 심경과 거의 같은 말이었다.

'안녕들하십니까'부터 '미투'를 거쳐

'계엄'이라는 말에 반사적으로 국회로 뛰쳐나간 사람. 이재정이 걸어온 궤적을 보면 그의 행동에 납득이 간다. 재정은 광장의 크고 작음을 가리지 않고 늘 그 자리에 서는 인생을 살아왔다. 대학가에 '안녕들하십니까' 대자보가 나붙던 2013년, 그는 대학에 입학했다. 신자유주의적 질서를 내세운 대학의 학과 통폐합, 청소노동자 탄압 등 일련의 사태가 벌어졌을 때 그는 다른 이들과 연대하며 적극적으로 목소리를 냈다. 2016년 강남역 여성혐오 살인사건, 2018년 '미투' 운동 등 페미니즘 리부트 국면에서도 마찬가지였다.

대학에 간 모두가 그처럼 학생운동을 하는 건 아니다. 충북

음성이 고향인 재정은 음성과 경기 안성을 오가며 살다 대학 진학을 위해 서울로 올라왔다. 같은 고등학교에서 먼저 서울로 유학 간 선배를 보고, 그는 '서울 가서 대학 다니면 다 학생운동 하는 건 줄' 알았단다.

"그 선배가 저한테 서울의 대학 생활을 이야기해주는 유일한 사람이었던 거예요. 왜냐하면 저희 가족이나 친척 중에는 대학을 나온 사람이 없고, 저희 엄마는 저희 키우고 30대가 넘어서 야간 대학부터 시작해 공부하신 케이스거든요. 그러다 보니 제 주변에는 서울로 대학 간 사람이 거의 없었어요. 근데 그 선배가 운동권이었어요. 그래서 저는 '서울로 대학을 가는 그런 특권, 특혜를 받게 되면 사회운동을 해야 하는 의무나 책임 같은 게 있나 보다' 이렇게 잘못 생각했어요."

2013년 12월, 대학가에 줄지어 붙은 대자보 '안녕들하십니까'는 신자유주의적 질서 속에서 조용히 순응하던 학생 사회에 경종을 울렸다. 국정원이 대선에 개입하자 시민사회가 반발하고, 철도 민영화에 반대하며 노조가 파업에 나섰으며, 경남 밀양에서는 초고압 송전탑 건설에 반대하는 주민이 음독 자살을 하는 등 각지에서 크고 작은 저항이 이어지고 있었다. 대자보는 이런 시절에 '우리는 과연 안녕한가'라는 질문을 던진 셈이었다.

당시 중앙대 정치국제학과 새내기였던 재정은 학내 언론

《중앙문화》의 편집기자로 활동하며 '학내 청소·시설노동자 실태 보고, 왜 노동조합으로 해결해야 하는가?'라는 기사를 썼다. 장시간 근무, 4년째 동결된 임금, 열악한 휴게공간, 고용 불안정 등 학내 시설노동자들이 처한 현실을 조목조목 짚으며 그즈음 출범한 민주노총 공공운수노조 서울경인지역공공서비스지부 중앙대분회의 필요성을 알린 기사였다. '안녕들하십니까'의 연장선 위에 있는 기사이기도 했다.

그때의 경험은 활동가적 정체성이 강한 오늘의 이재정을 만드는 데 큰 역할을 했다.

"워낙 성격이 외향적인 편인데요(그의 MBTI는 ENFP다). 그 해 2학기에는 점심시간을 전부 청소 노동자분들이랑 밥 먹는 데 썼어요. 그분들이 노조 만들면서 총장실 점거했을 때는 같이 총장실에서 잤고요. 그러다 보니 기자보다는 활동가가 더 맞는 것 같아서 1년 만에 《중앙문화》를 그만두고 '활동'을 더 하게 됐어요."

옆에서 관찰하고 기록하는 기자의 삶보다는 직접 연대하고 함께 도모하는 활동가가 체질에 더 맞았다는 이야기였다.

대학의 기업화에 저항하는 중앙대 기반의 학술공동체인 '자유인문캠프'에서도 활동했다. 맑스주의나 페미니즘처럼 학교에서는 제대로 가르쳐주지 않는 학문을 배우는 공간이었다. 그러다 2016년 강남역 여성혐오 살인사건이 발생하자 같이 활동하던 사람들 사이에서 이견이 생기는 모습을 목도했다.

"여성 활동가들은 여성의 생존 문제가 정말 중요하다는 걸 체감해서 이야기하는데, 남자 선배들은 그렇게까지는 받아들이지 않더라고요. 다른 노동 의제나 국가폭력, 민주화운동 같은 이슈에는 열변을 토하던 선배들이 강남역 살인사건 같은 젠더 이슈에는 민감도가 떨어진다는 걸 체감했어요. 너무 화가 났어요."

여성운동에 본격적으로 관심을 두게 된 것도 그 무렵이었다. 재정은 이듬해인 2017년, 학과에 여성주의 소모임 '참페미'를 만들어 학내 성차별 경험을 공론화했다. 그는 "항상 연대자의 위치에 있던 내가, 비로소 당사자로서 말할 수 있는 언어를 얻었다는 느낌이었다"고 토로했다. 노무사나 변호사를 꿈꾸던 재정이 여성단체 활동가로 진로를 틀게 된 것도 바로 이 경험이 계기가 됐다.

2018년, 재정이 한국여성단체연합(여성연합)의 활동가가 되었을 때는 마침 미투 운동이 한창인 시기였다. 그는 '미투 운동과 함께하는 시민행동'이라는 연대체 소속으로 안희정 전 충남지사 성폭력 사건, 연극연출가 이윤택 성폭력 사건, 시인 고은 성폭력 사건의 공동대책위원회에서 활동했다. 2020년부터는 국회의원실 보좌진으로 일하며 여성 폭력과 차별 해소를 위한 여러 입법과 정책을 다뤘다. 2022년 20대 대선 당시 민주당에 성평등 정책을 제안하고, 여성 의제에 대응한 공로를 인정받아 민주당 여성리더십센터의 부소장을 지내기도 했다.

39도 고열에도 버티던 '한강진의 밤'

재정은 윤석열 퇴진 광장에서 '남태령 대첩'을 제외한 거의 모든 집회에 참여했다. 가장 인상 깊었던 집회는 12월 14일 국회에서 윤석열 탄핵소추안이 가결되던 날과 일명 '키세스 시위대'로 불리는 1월 4일 밤부터 5일 새벽까지 이어진 서울 한남동 관저 앞 '윤석열 체포 촉구' 집회였다.

시민들이 은박 담요를 뒤집어쓴 채 눈 오는 겨울에 자리를 지킨 '키세스 시위'의 날, 비상행동의 스태프로서 시민 발언 신청자들을 통솔하던 재정은 갑자기 쓰러져 병원에 실려 갔다.

"그날 교대하기로 해서 집에 들러 잠깐 씻고 나왔어요. 그러고 나서 스태프 일을 하고 있었는데 몸이 계속 이상한 거예요. 너무 추웠어요. 스태프들 대기실에는 난로도 있었는데 말이에요. 다른 사람들이 '하나도 안 추운데 너 계속 몸을 바들바들 떠는 게 이상하다. 다시 들어가라'고 했어요. 시민 발언 신청하신 분들 통솔하는 게 제 일이었는데, 시민분들이 저한테 '아무래도 얼굴이 이상한 것 같다'고, '의료 부스 가보시라'고 해서 갔더니 (체온이) 39도인 거예요."

그는 의료진들이 준 약을 받아 집으로 가던 버스 안에서 쓰러졌다. 버스 옆자리에 있던 시민이 급히 그를 택시에 태워 가까운 병원 응급실로 데려갔지만, 응급실에서는 받아주지 않았다. 결국 비상행동의 스태프들이 병원으로 달려왔다. 의료진에게서 받아온 해열제를 먹이고, 이후 수없이 병원 '뺑뺑이'를 돈 끝에 겨우 수액을 맞고 독감 주사를 맞을 수 있었다.

그날, 39도의 고열에도 키세스의 일원으로 자리를 지켰던 이유는 함께 밤을 새우던 시민들 때문이었다. "시민분들이 밤 새우시는데, 몸이 추우면 실내로 들어가거나 난방 버스에 들어가시라고 아무리 권해도 안 들어가시는 거예요. 비장함을 보여줘야 한다는 마음들도 있고, 다들 어쨌든 빨리 체포해야 한다는 절박함이 있었으니까요."

여의도에서 광화문, 한강진까지 근 한 달간 연이어 집회가 이어지면서 비상행동의 활동가들도 기진맥진인 상황이었다. 그런데도 한강진에서 '깃발춤'이 만들어질 만큼 시민들의 열의가 대단했다는 게 재정의 증언이다. "대기 시간에 음악을 틀어드리면 그거에 맞춰서 깃발을 흔드시다가 어느 순간 '착착착' 서로 호흡이 맞는 깃발춤이 만들어진 건데요. 그런 상황이니까 제가 열이 펄펄 끓는데도 자리를 못 뜬 거예요. 도대체 이 마음들은 뭘까. 누가 시킨 것도 아니고 진짜 누구 말마따나 북한이나 중국의 사주를 받은 것도 아닌데, 이렇게 절박하게 민주주의를 이야기하는 이 시민들의 마음은 뭘까…. 그 간절함이 피부에 절절하게 와닿았던 게 한강진 집회였던 것 같아요."

그날 밤, 짜장면과 탕수육 같은 배달 음식을 서로 나누었다. 한강진으로 음식을 실어 나르는 배달 노동자의 마음마저 결연했던 그 밤은 집에서 가져온 핫팩과 은박 담요를 처음 보는 옆 사람과 나누던 시간이었다. 그 밤, 재정과 탕수육을 나눠 먹었던 키세스 시민은 재정이 출연한 '그날 그곳' 영상에 댓글을 달았다.

'너무 좋은 일을 하시면서 용감하기까지 하시네요. 키세스 전날 밤샐 때 너무너무 맛난 탕수육 냄새에 침만 꿀꺽 삼켰었는데 나눠주셔서 넘 감사했습니다. 그날 뵈었던 분의 모습이 썸네일에 있어서 순간 내 지인인가? 낯익다…. 생각했어요. 계엄 밤에 피곤하셨을 텐데도 달려가주시고…. 이후에도 계속 활동해주셔서 너무 고맙습니다. 덕분에 살아가고 있어요. 사회복지에도 힘써주시는 멋진 이재정 님 덕에 우리가 연대하며 살 수 있다고 생각합니다. 감사합니다.'

조직에서 선전까지, 낙관의 에너지로 만드는 정치적 광장

재정이 만드는 광장의 정치는 조직에서 선전까지 기발하다. 소속 없이 오픈채팅방으로 모인 윤퇴청의 조직 방식이 그렇고, 그렇게 모인 청년들이 국민의힘 당사 앞에서 인간 근조화환이 되어 벌인 장례식 퍼포먼스 또한 그러했다.

이러한 신박한 방법론은 그냥 나온 것이 아니다. 지난 11년 동안 재정이 대학과 시민단체, 국회와 정당 등 다양한 공동체를 두루 거치며 다져온 정치적 경험의 결과다. 2014년, 중앙대가 파업 중인 청소노동자를 지지하는 대자보를 붙인 학생들을 상대로 1인당 100만 원의 손해배상을 법원에 신청한 일이 있었다. 당시 대학생이던 재정은 이를 풍자해 노동자를 지지하는 대자보를 붙일 때마다 100만 원씩 가상 기금이 적립되는 '의혈 안녕기금'을 만든 적이 있었다. 비상행동 상황실의 스태프로 활동하면서는 농성장에 찾아오는 시민들에게 'N행시'를 지어주거나 타로를 봐주는 이벤트를 기획했다.

이재정에게 광장이란 "SNS로 백날 봐도 모르는 맥락과 기운, 서사들이 살아 있는 곳"인 동시에 "배움이자 활력을 주는 공간"이기도 하다. "몸이 아프다가도 나가면 기가 막히게 에너지가 돌거든요. (윤석열) 파면이 안 되는 상황에서는 기운도 잃고 미래가 암울하게만 느껴지다가도 광장에 나가서 시민들의 에너지를 느끼면 이게 우리의 미래이고, 이 기운으로 더 나은 미래를 만들 수 있을 거라는 희망, 자신감을 얻게 돼요."

물론, 광장을 자세히 들여다보면 그 안에도 균열과 다툼, 갈등이 있다. 모두가 똑같은 마음으로 모인 공간은 아니다. "내밀히 들여다보면 힘든 일들이 참 많아요. 자꾸 싸우기도 하고, 자기들끼리 뭐 이러쿵저러쿵할 때도 있고요. 그래도 저는 광장

안에는 다양한 사람과 다양한 구성, 다양한 역할이 있다고 생각해요. 그리고 제 역할은 광장의 순기능, 광장이 만들어온 좋은 에너지들을 최대한 널리 전파하는 일이라고 생각하거든요. 그게 결국 광장을 꾸려오고 지켜온 사람들이 이 공간을 더 단단하게 지켜낼 수 있는 길이라고 믿어요."

광장을 꾸려가는 재정의 비기, 그의 정치력의 근원은 '낙관의 에너지'다. 그리고 그 에너지는 사람을 향한 애정에서 비롯된다. "저는 확실히 사람을 좋아해요. 사람을 만나야 에너지를 받는 타입이에요. 그래서 절망적인 상황에서도 계속 낙관하고, 낙관의 에너지를 사람들한테 전달하는 게 저만의 기술인 것 같아요."

긍정의 에너지는 자기 자신을 지키는 방편이자 광장을 만들어가는 정치적 수단이기도 하다. "대체로 부정적인 에너지를 낼 때보다는 긍정적인 에너지를 낼 때 더 많은 사람이 모이고 더 큰 변화를 만들어낼 수 있었어요. 대학생 시절, 청소노동자 투쟁을 할 때도 유쾌한 방식으로 대응했거든요. 총장실 점거 때는 일부러 냄새나는 생선을 구워 먹고, 청국장도 끓여 먹고, 크리스마스 파티 같은 것도 열었어요.(웃음) 네거티브 전략보다는 포지티브 전략이 더 유연하게 통한다고 믿습니다. 더 많은 사람을 불러올 수도 있고요. 이번 광장에서도 '아모르 파티'나 '파이팅 해야지' 같은 음악을 들으면서 '그래, 힘내야지' 하고는 그 열기에서 다시 기운을 얻곤 했습니다."

대학원에서 쌓은 연구 역량과 인적 네트워크를 바탕으로 재정은 광장을 분석하는 데 있어서 중요한 역할을 했다. 지난 1월, 윤퇴청이 개최한 토론회에는 온라인 실시간 접속자가 최다 1,700명에 달할 만큼 관심을 끌었다. 이날 발표된 '탄핵 집회에 나온 10~20대 964명 대상 설문조사'는 여러 언론 매체가 앞다퉈 인용해 보도했을 정도로 광장의 청년들을 가장 빠르고 적실하게 분석한 자료였다. 설문조사 결과, 윤석열 퇴진 집회에 참여한 주요 동기는 '비상계엄에 충격을 받아서'(73.2%), '시민으로서 책임을 실천하기 위해'(72.7%), '계엄선포 이전부터 윤석열 정부의 정책과 행태에 실망해서'(71.6%), '내가 중요하게 생각하는 사회문제 개선을 위해'(36.2%) 순이었다.

끊임없이 무언가를 도모하고, 사람을 조직하고, 사회적 발화를 이어가는 재정의 정치적 삶은 어디서 비롯됐을까. 앞서 계엄 날 국회로 달려간 이유를 묻자 청년 정치인으로서 정치를 논할 '자격'을 언급했다. 이번에도 비슷한 맥락에서 그는 "직함에 따른 책임과 권한 때문"이라고 말했다.

"저는 일을 많이 하는 사람에게는 그에 걸맞은 책임과 권한이 주어져야 한다는 생각이 강해요. 제가 비상행동의 공동대표라는 직함을 얻었다면, 그만한 책임과 일을 해야 자격이 있다고 보는 거예요. 그래서 실무도 보고, 사람도 조직하고, 홍보도 열심히 하는 거고요."

직함은 재정의 행보에 따라 자연스럽게 따라온 것이지만, 그 직함에 맞춰 자신이 가진 역량의 최대치를 발휘하는 것은 각자의 몫이다. 그는 여성연합 활동가로 일할 당시, 대학 때 빈곤 현장에서 알게 된 인디 뮤지션들을 미투 집회에 연대 공연자로 초대했고, 인문자유캠프에서 만났던 강연자를 통해 각 부문별로 미투 운동에 가담한 이들을 파악해 발언자로 섭외했다. 그가 늘 자신이 할 수 있는 최대치를 끌어올리려 애쓰는 이유는 고통을 겪는 이들을 한 번 마주하면 쉽사리 지나치지 못하는 '연민' 때문이다.

"어떤 문제를 겪는 사람의 얼굴을 보면, 눈에 밟히거든요. 아무것도 안 하고 집에 있으면 마음이 더 불편해져요. 크게 도움은 안 될지라도 거기 가서 '내가 할 수 있는 건 뭘까' 고민을 해야 비로소 마음이 편해져요. 비상행동 집회도 제가 안 가면 고생할 활동가들 얼굴이 보이고요. 집회에서 만나는 시민 한 사람 한 사람의 얼굴을 떠올리면 눈에 밟혀서 한 번이라도 더 나가게 되는 것 같아요."

학생운동과 시민운동, 국회와 정당, 대학원을 거친 지난 11년은 재정에게 어떤 시간이었을까.

"학생운동을 하면서는 세상에는 곁을 내어줄 다정한 이웃이, 절실한 사람들이 많다는 걸 알게 됐고요. 시민운동을 통해서는 연대의 확장이 얼마나 중요한지 배웠어요. 국회와 정당 활동을 하며 대중의 요구를 읽어내고 실질적인 문제해결을 위해 필요한 능력을 갖추게 되었고요. 짧은 시간 동안 압축적으로 다양한 경험을 쌓으면서 지금까지 서로 도움을 주고받을 수 있는 인적 네트워크를 갖추게 된 것도 큰 성과였어요. 대학원에서는 하나의 문제를 설명하기 위한 다양한 이론과 언어, 분석 방법을 배웠고, 깊이 있는 사유를 나눌 좋은 동료들도 만났어요. 이 모든 과정을 통해 조직력, 대응력, 정책적 감각, 인적 네트워크 등 여러 영역에서 꼭 필요한 역량을 두루 익힐 수 있었습니다."

조직력, 대응력, 정책적 감각, 인적 네트워크. 이를 하나로 묶는다면 '정치력'이라 부를 수 있을 것이다. 《오마이뉴스》에 기사가 게재됐을 때, 네이버 댓글창에는 "정치 지망생이세요?"라는 말이 있었다. 말투로 보아 아마도 '정치 지망생'이라는 단어를 멸칭으로 쓴 듯했다. 그러나 그처럼 오랜 시간 치열한 궤적을 밟아온 이가 정치 지망생이 아니라면 오히려 사회적으로 큰 손실일 터다. 그리고 무엇보다 그는 이제 더는 '지망생'이 아니다. 그는 이미 정치인에 가까운 삶을 살아가고 있다.

광장 정치, 제도권 정치가 될 수 있을까

재정은 탄핵 집회에서 행진 사회를 맡으며, 매번 행렬을 내려다보는 사람이었다. 계엄 당일 국회를 시작으로 '본인 피셜'

탄핵 집회에서 행진 사회를 맡다(ⓒ내란청산·사회대개혁 비상행동_촬영: 정운).

남태령 대첩과 설 연휴 직후 주말 집회를 제외하고는 서울에서 열린 거의 모든 탄핵 집회에 참여했다. 그만큼 그는 광장의 변화상을 누구보다 가까이서 목격한 사람이기도 하다. '제2의 남태령'이라 불렸던 지난 5월 25일, 남태령에서 출발한 트랙터 투쟁부터 이튿날 경복궁 앞까지 이어진 행진에도 빠지지 않고 함께했다. 행진을 마친 뒤에는 컵라면을 먹으며 농성장을 끝까지 지켰다.

광장을 꾸리고, 조망하고, 분석하는 사람이자 광장 이후의 세계를 꿈꾸는 사람. 그런 점에서 광장을 이토록 정치하게 분석할 수 있는 이로 그보다 더 적합한 사람은 없어 보였다. 그에게 "윤석열 퇴진 광장의 주축은 2030 여성이다"라는 말을 어떻게 생각하는지 물었다. 그는 청년 여성들의 참여 층위가 훨씬 더 세분화되어 있다고 답했다. 늘 광장에 나섰던, 이른바 '운동권' 여성들뿐 아니라 응원봉으로 표상되는 K팝 팬덤 등 다양한 여성들이 함께한 자리였다는 것이다.

"'광장에는 늘 여성들이 있었다'는 말, 맞는 이야기예요. 하지만 한편으로는 '이번에는 그동안 광장에 나왔던 이들과는 또 다른 여성들이 등장한 게 아닐까?'라는 생각도 들어요. 윤퇴청에서 진행한 설문조사를 보면, 계엄 이전부터 윤석열 정부의 정책이나 행태에 문제의식을 느꼈다는 응답 비율이 여성에게서 더 높게 나타났거든요. 집회 참여 동기로 '계엄선포 이전부터 윤석열 정부의 정책과 행태에 실망해서' 항목을 꼽은 여성은 71.6%, 남성은 66.4%였어요. 기타(성소수자)는 80.7%로 가장 높았고요. 이런 결과는 아무래도 여성가족부 폐지나 구조적 성차별 부정 같은 윤석열 정부의 정책 기조와 관련이 있지 않을까 싶어요. 다른 한편으로는 그동안 광장에 자주 나오지 않았던, 여성들 가운데 진보적인 인식과 높은 시민의식을 가진 참여자들이 새롭게 등장하고 있는데요. 이들은 이른바 '운동권 여성'들과는 또 다른 양상을 보여요. 이를테면 응원봉으로 상징되는 K팝 문화에 열성적인 반응을 보이는 분들이 집회에 참여하면서 집회 문화 자체가 훨씬 더 다채롭고 유쾌하게 바뀌고 있다는 느낌을 받았어요."

2030 세대 여성이 집회의 주된 참여층이 되면서 집회를 실질적으로 운영하는 비상행동 스태프들 사이에서도 세대교체가 대폭 이루어졌다.

"지금 행진 팀장을 맡고 있는 박민주 씨, 김형남 씨 모두 20·30대고요. 비상행동 스태프들도 젊은 사람이 압도적으로 많아요. 그러다 보니 집회 문화가 많이 달라졌어요. 트위터 같은 SNS 관리를 전부 젊은 사람들이 하니까 DM 같은 게 오면 즉각적으로 상의해서 기민하게 대응하거든요. 그런 점들이 집회의 흐름과 분위기를 훨씬 더 유연하게 바꾸는 데 큰 영향을 준 것 같아요."

2030 여성들이 집회를 주도하게 되면서 나타난 중요한 변화 중 하나는 광장에서의 여성혐오적 언사와 젠더 기반 폭력이 줄어들었다는 점이다. 2016년 박근혜 퇴진 촛불집회 당시, 박근혜 전 대통령을 향한 여성혐오적 구호에 반발해 페미니스트들이 '페미존'을 따로 조성했던 상황과 비교하면 이번 광장은 분명 달라졌다. 물론 2024·2025년 윤석열 퇴진 광장에서도 초반에 갈등이 있었다. 2024년 12월 7일, 비상계엄 선포 이후 처음 열린 여의도 주말 집회에서 심미섭 페미당당 활동가가 광장의 여성혐오와 성소수자 혐오 문제를 지적하자 일부 남성 참가자들이 야유를 퍼붓고 "끌어내려!"라고 고함치는 일이 벌어졌다. 그러나 여성 참가자들은 심 활동가의 발언에 강력한 지지를 보냈고, 이후 광장 안에서는 소수자를 향한 혐오에 함께 맞서는 흐름이 점차 형성되기 시작했다. 그 결과 '여성·성소수자·장애인·청소년·이주민 등 사회적 소수자와 비인간동물을 차별하거나 대상화하는 말과 행동을 하지 않는다'는 내용을 담은 '평등한 집회를 위한 모두의 약속'이 만들어졌다.

 "여의도 집회 당시, 페미당당의 심미섭 씨가 발언하자 야유가 쏟아졌고, 곧바로 페미니스트들이 '이런 식이면 더는 집회에 나오지 않겠다'는 내용의 글을 SNS에 올렸어요. 그 글에 시민들이 빠르게 반응했고, 이후 평등 수칙이 만들어졌어요. 이후로는 이 수칙을 매 집회마다 낭독하고 있어요."

상황이 그러하다 보니 비상행동 내부에서도 여성단체나 여성 활동가들의 발언이 '먹힐 수밖에 없는' 분위기가 형성됐다고 재정은 말했다.

"2030 여성들이 집회에 압도적으로 많이 참여하니까, 이들의 감수성과 요구를 반영하지 않으면 집회 자체가 유지되기 어려워요. 여성 단체나 여성 활동가들이 회의에서 제안하는 내용이 곧 이들의 정서이니, 받아들일 수밖에요. 그런데 이들은 단지 요구만 하는 게 아니라 실제로 연대하고 응답하잖아요. 남태령으로 달려가고, 농성장도 함께 지키고…. 그러니 전농(전국농민회총연맹)이나 민주노총 같은 단체들도 2030 여성들에게 우호적인 시선을 갖게 되고, 이들이 제기하는 어젠다에 자연스럽게 관심을 가질 수밖에 없어요."

재정은 '2030 남성이 극우화됐다'는 진단과 우려에 대해 유보적인 입장을 보인다. 윤퇴청 활동을 통해 집회에 참여하는 청년 남성들과 자주 대면해온 그는 또래 남성의 구체적인 얼굴을 잘 아는 편이다. 2030 남성들에게서 보수화 경향이 나타나고 있는 것은 사실이지만, 이들을 하나로 묶어 '극우'로 호명하는 것은 전략적으로 문제가 있다는 게 그의 생각이다.

"윤퇴청에 참여하시는 분들 중에도 2030 남성분들도 꽤 있거든요. 특히 저희는 대오가 없거나 혼자 오는 사람들을 적극적으로 환영하는데요. 여성분들은 이런 집회에 삼삼오오 같이 갈 친구들이 있어요. 윤퇴청에 오시더라도 그룹으로 와요. 그런데 남성분들은 혼자 참여하시는 분들이 많아요. 오고 싶은데 혼자 가기 민망하고, 주변에 이런 이야기를 나눌 만한 친구가 없는 분들이 많은 거예요. 그런 점을 고려하면 확실히 여성에 비해 남성들이 보수화된 경향이 있는 것 같습니다. 그렇다고 계속 '2030 남성은 극우화되어 있고, 광장에는 2030 남성들이 없다'고 단정적으로 말하면서 이들의 존재를 부정적으로 표현하는 게 좋은 방식인지는 잘 모르겠어요.

실제로 (광장에) 오는 친구들이 상처를 많이 받고 있어요. 최근 《시사IN》에서 나온 분석을 보면, 윤석열 탄핵에 반대하고 계엄을 옹호하는 주된 세력은 2030 남성이 아니라 6070 세대거든요.* 그래서 2030 남성을 극우로 호명하는 것은 유효한 전략이 아닌 것 같습니다. 같은 보도에서 흥미로웠던 지점은 2030 남성들이 민주주의를 수호해야 한다거나 계엄이 잘못됐다는 인식은 높은데, 페미니즘에 대해서는 여전히 반감을 갖고 있는 비율이 높아요. 그러니 이 문제를 어떻게 해석해야 할지, 어디서 해결의 실마리를 찾아야 할지, 우리가, 그리고 페미니스트 활동가들이 고민을 더 해 나가야 하는 거예요."

재정은 광장의 여러 정치적인 국면에 참여했다. 인상적인 장

---

* 시사IN 편집국, ''탄핵 반대' 30%는 누구인가', 《시사IN》, 2025/2/14.

면 중 하나는 3·8 세계여성의 날에 열린 '내란 극복과 민주주의 회복을 위한 여성 1만인 선언'에서 낭독자로 무대에 섰던 순간이다. 이 선언은 권김현영 여성현실연구소장과 박지현 전 더불어민주당 비상대책위원장, 장혜영 전 정의당 의원 등이 구상한 것으로 "윤석열의 퇴진은 반여성정치의 퇴진"이며 "민주주의의 회복은 성평등정치의 귀환"임을 천명했다. 또한, 광장을 밝힌 응원봉의 여성정치가 의사봉의 성평등정치로 이어져야 한다는 점을 강조했다.

재정이 꿈꾸는 광장 이후의 정치는 어떤 모습일까.

"중요한 건 광장의 목소리를 실제 정치적 변화로 이어가는 일이에요. 윤퇴청에 모인 친구들 사이에서 이대로 금방 광장이 닫히면 안 된다는 이야기를 많이 해요. 우리에게는 계속해서 정치적 목소리를 내고, 사회문제를 토론하고, 변화를 만들어낼 수 있는 일상의 광장이 필요해요. 이것을 만드는 작업이 바로 무너진 한국 사회의 신뢰를 회복하고, 시민들이 지켜온 우리의 민주주의를 더욱 강화하는 길이라고 생각해요. 광장에서 주요한 목소리를 내온 여성, 청년, 소수자들이 정치권에서 필요할 때만 소환됐다가 금세 지워지는 존재로 취급받지 않기를 바랍니다. 고분고분 필요한 이야기에만 가져다 쓰는 게 아니라, 적절한 권한과 책임을 부여받기를 바라는 거예요."

윤석열 대통령이 파면된 이후, 재정이 소속된 '윤석열 퇴진을 위해 행동하는 청년들'은 '광장을 잇는 윤퇴청'으로 조직을 전환했다. 그러고는 광장 이후에 대한 고민을 이어가며 광장의 가치와 의제를 찾아내 사회와 연결하고, 그 목소리를 실질적인 변화로 만들어가며 이 과정에서 청년들이 주체로 설 수 있는 토대를 쌓겠다는 다짐을 공언했다. 재정 역시 파면 이후 수많은 학회와 토론회에 패널로 참여하고, 윤퇴청의 이름으로 청년 집담회를 꾸준히 열며 파면 이후의 세계를 끊임없이 그려 나가고 있다.

록페의 깃발이 투쟁의 깃발로

_94년생 '내향인' 기수

'방구석에서 귤 까먹고 싶은 사람들 모임', '전국 뒤로 미루기 연합', '류정한 기작 소취 모임', '분노를 노래하소서, 민중이여!', '야구로만 화내고 싶은 전국 야구팬 연합 고척스카이돔지부' 등등. 윤석열 퇴진 광장을 물들인 형형색색의 깃발들이다. "깃발 보러 집회에 간다"는 말이 생길 정도로 2024·2025 광장에는 기상천외한 깃발들이 나부꼈다.

깃발은 광장에서 여러 가지 의미를 지닌다. 기존의 깃발들은 주로 노동조합, 시민사회단체, 정당처럼 특정 단체에 소속되어 있음을 나타냈다. 그런데 지난 2016·2017년 박근혜 퇴진 촉구 촛불집회에서는 소속 없는 시민들의 깃발이 새롭게 등장했다. '민주묘총', '전견련'처럼 기존 단체명을 패러디해 반려인의 정체성을 드러내거나 '혼자온사람들', '우리는 서로의 용기당'처럼 즉석에서 만들어진 모임을 표방하는 깃발들도 눈에 띄었다.*

 윤석열 퇴진 촉구 집회에서는 더욱 다양한 깃발이 등장했다. 광장에서 깃발은 개인의 정체성을 드러내는 상징이자 응원봉과 함께 '누군가를 좋아하는 것이 곧 정체성'인 이들을 나타내는 기표로 작동했다. 톡톡 튀는 문구의 깃발들은 많은 이에게 공감을 불러일으키며 광장의 문턱을 낮추는 데 크게 기여했다. 물론 여기에도 2030 여성들의 참여가 두드러졌다. 이들의 깃발은 행진 대열의 전면을 이끄는 중추가 되었다.

 화려한 깃발들 사이, 단출한 '내향인' 깃발도 그렇게 등장했다. '내향인', 자신의 내면에 집중해 에너지를 얻는 사람을 뜻하는 이 말처럼 깃발은 조용하지만 강한 메시지를 품고 있었다. 주말이면 어김없이 광장에 등장하는 이 깃발을 보고 사람들은 이렇게 말했다. "내향인도 광장에 나올 만큼 엄중한 시국이구나…." 지난 1월 4일 서울 한강진 집회에서는 '내향인' 깃발과 '외향인이세우' 깃발이 조우한 장면이 포착되었는데, 이 사진은 소셜 미디어와 온라인 커뮤니티에서 큰 화제를 모았다.

 지난 3월 30일, 또 하나의 2030 여성인 '내향인' 깃발의 기수를 만났다. 장소는 그가 가장 자주 출몰한 광장, 서울 광화문 인근의 카페였다.

---

* 김예슬·김재현, 『촛불혁명』, 느린걸음, 2017, 193쪽.

"저는 94년생이고 '내향인' 깃발의 기수입니다. 평등한 세상을 지향하며 권력에 맞서, 저만의 방식으로 광장에 나가고 있습니다."

야근 중 들었던 그 밤의 헬기 소리

내향인 기수는 3년 차 그래픽 디자이너다. 비상계엄이 선포되던 날, 그는 여의도 인근의 회사에서 야근 중이었다.

"밤 10시 30분쯤이었는데, 갑자기 카카오톡에 알림이 100개 넘게 와 있는 거예요. 평소랑 너무 달라서 '무슨 일이 났나?' 싶어서 확인했더니, 친구들이 계엄령이 선포됐다고 하더라고요. 처음엔 장난인 줄 알았는데, 뉴스를 검색해보니 진짜였어요. 순간 너무 놀라고 어이가 없어서 멍했어요.

저 포함해서 야근하던 사람이 4명이었는데, 저희 회사가 여의도 근처다 보니 얼마 안 있어 밖에서 헬기 소리도 들렸어요. 회사 사람들끼리 '이거 진짜 어떻게 되는 거야?', '12시 넘으면 외출 안 되는 거 아니야?', '군인들 들어오는 거 아냐?' 이런 얘기를 나누면서 걱정을 많이 했어요. 지금도 그때의 공포가 생생해요. 뉴스 속에서만 보던 '계엄'이라는 단어가 정말 현실로 다가온 순간이었거든요."

계엄이 무서웠던 이유는 44년 전, 광주 5·18의 기억이 또렷한 부모님 때문이었다.

"계엄령이 선포됐다고 했을 때 가족들한테 바로 전화를 걸었어요. 저희 아버지는 전라남도, 엄마는 서울 출신이신데 두 분 다 5·18 때 참여하려다가 못 하신 분들이에요. 그 당시를 겪었던 사람들이니까, 다들 너무 걱정이 심하시더라고요. 저는 인생에 처음 있는 계엄이라서 이게 얼마나 심각한지 피부로 느끼지는 못했는데, 저희 할머니가 소스라치게 놀라시면서 빨리 집으로 가라고…. 그런 것 때문에 저도 감정적으로 놀라고, 왜 21세기에 이런 감정을 느껴야 하는지, 올바르지 않은 지도자가 내린 선택 때문에 왜 모든 사람이 두려움에 떨어야 하는지 의문이 들었어요. 화도 많이 났고요."

내향인 기수의 어머니에게는 1980년 5·18 당시 "광주에서 일이 났다"는 소식을 듣고 내쳐 달려가려는 걸 외할머니가 뜯어말린 경험이 있다. 그 얘기를 들었던 내향인 기수는 '만약에 엄마가 그때 갔으면 나랑 우리 가족들은 세상에 없을 사람일 수도 있겠다'라는 생각을 품고 살았다.

"그 성격을 제가 좀 대물림 받은 것 같아요. 저희 어머니는 평소에는 활동적이지 않고 잔잔한 편이신데, 그렇게 부당한 일이 벌어지면 우선 행동하시는 스타일이거든요."

여성 기수들이 바꾸는 집회와 '록페'

무슨 일이 터지면 망설임 없이 달려나가는 어머니처럼, 내향

(내향인)입니다.

인 기수도 비상계엄 직후 첫 주말이었던 지난해 12월 7일 국회 앞 집회로 향했다. '내향인' 깃발을 들고서.

'내향인' 깃발은 MBTI 검사 결과 I(내향형)가 93%인 기수의 정체성이 고스란히 담긴 결과물이다. 그는 'I'의 특성을 십분 살려 '내향인'이라는 단어를 괄호 안에 넣었고, "반말은 좀 아닌 것 같아서" 우측 하단에 조그맣게 '입니다'를 덧붙였다. 가독성을 위해 흰 바탕에 검은색으로 글씨를 넣었는데, 서체는 내향인이 사는 지역에서 개발한 고유 폰트였다. "저는 어떤 상황에서도 유머를 잃지 않으려는 편인데요, 그 순간 떠오른 게 바로 깃발이었어요. '내향인들도 화가 나면 집에만 있지 않는다'는 걸 보여주고 싶어서 깃발을 들고 광장에 나갔어요. 처음엔 개인적인 표현이었지만, 지금은 저와 비슷한 사람들이 서로 알아보고 위로를 주고받는 매개체가 된 것 같습니다."

주말마다 부지런히 광장에 나오는 내향인에게 시민들의 환대가 쏟아졌다.

"웃으면서 재밌어하셨어요. '내향인이 깃발까지 만들어서 나왔다고?' 하시면서요."

가장 기억에 남는 것은 지난해 12월 22일, 남태령에서 출발해 한강진까지 행진하던 날 만난 50대 남성과 나눈 대화였다.

"내향인이 무슨 뜻인지 물으시더라고요. '소심하다는 뜻이에요'라고 답했더니, '조심하라고? 윤석열 보고 조심하라고?'라고 하시는 거예요. 의도치 않게 예고장을 날릴 뻔했습니다.(웃음) 그 뒤에 뜻을 알아들으시고는 깃발을 잡은 두 손을 감싸쥐시면서 '내향인 중에 가장 용기 있는 사람이네'라고 하셨어요."

행진을 마치고 나면 늘 주머니에 사탕과 간식거리들이 한가득이었다. 자신과 비슷한 'I'들이 건넨 조용한 응원의 메시지일 것이라고 그는 짐작한다.

특히 한강진 집회에서는 '내향인' 깃발과 '외향인' 깃발의 조우가 화제가 되었다. 온라인 커뮤니티와 'X' 등에서 널리 퍼진 이 장면의 포인트는 세간의 예상을 깨고 '내향인'이 먼저 다가가 말을 걸었다는 것.

"관저 앞에서 시위할 때였는데, 멀리서 외향인 깃발이 보이더라고요. 너무 반가워서 저도 모르게 깃발을 들고 달려갔는데, 그 깃발 아래 다섯 분이 계셨어요. 그걸 보고 제가 너무 놀라서 '반갑습니다' 한 후에 사진 찍고 '안녕히 계세요'만 하고 도망쳤어요.(웃음) 당연히 한 분만 계시는 줄 알았는데, 엔프피(ENFP) 같은 분들이 다섯 분이나 계셨던 거예요."

그도 그럴 것이, 집회 현장에 있던 여러 사람의 목격담을 종합하면 내향인 기수는 홀연히 나타났다가 바람처럼 사라지는 사람이다.

"'붕어빵천원에3개협회' 기수 분이 저를 꼭 만나고 싶어 하시는데, 만날 놓치신대요. 다른 분들도 행진할 때 '분명 내 앞에 있었는데, 어느새 멀리 가 있더라'고 하시고요. 제가 진짜 걸음이 빠르고 잘 도망가요. 약간만 빈틈이 보이면 그 사이로 스르르 앞으로 빠져나가는 스타일이어서…."

내향인 깃발처럼 2024·2025년의 광장을 물들인 '소속 없는 깃발'들의 기원을 두고 여러 분석이 이어지고 있다. 퀴어 축제에서는 성소수자와 앨라이(Ally·성소수자의 권리를 지지하는 이들)가 무지개 깃발을 비롯한 다양한 깃발을 들고 거리로 나온다. 록 페스티벌에서도 깃발은 상징적인 문화로 자리잡았다. 록페에 나온 깃발들에는 좋아하는 밴드의 이름이나 록페에 온 소감 등등 재치있는 문구들이 적혀 있는데, 이들 깃발을 중심으로 '슬램'(록 페스티벌 참가자들이 모여 음악에 맞춰 몸을 부딪치는 행동)이 벌어지기도 한다. 깃발은 자신의 정체성을 드러내는 표식이자, 그 주변이 일종의 안전지대임을 알리는 신호이기도 하다.

내향인 깃발도 처음부터 광장용은 아니었다. 데뷔는 비상계엄이 선포되기 두 달 전인 지난해 10월, 부산 국제 록 페스티벌에서 했다. "내향인도 록페에서 신나게 놀 수 있다"는 메시지를 전하고 싶어 만든 것이었다.

그가 보기에 록페와 집회는 닮은 구석이 꽤 많다. 모두 다 깃발과 음악, 사람들이 있다. 그가 록페에서 에너지를 충전하듯, 집회에서도 연대감으로 충전이 된다(물론 그는 "집에서도 충전

광장에서 목소리를 낸 다양한 깃발의 주인공들.

을 꼭 해야 한다"고 덧붙였다).

그리고 록페도 집회도 하나같이 '빡세다.' 록페에서는 혼자 놀면서 하루에 4만 5천보씩 도합 사흘을 걸었던 내향인 기수에게 많아야 2만 보쯤 걷는 집회는 그야말로 '껌'이다.

"거기(록페)서 쌓은 체력이 여기(집회)서 발휘되는 것 같아요. 원래는 비 오는 날 열린 집회도 많이 걱정했을 텐데…. 작년 부산 록 페스티벌 마지막 날에 비가 엄청 쏟아졌거든요. 그때 비 맞으면서 깃발을 흔들던 기억이 있어서, '눈이 오든 비가 오든 껌이지' 하며 집회에 나갑니다.(웃음) 그렇게 훈련을 했던 셈이에요."

2016년 촛불집회에 등장한 '페미존' 깃발이 여성혐오에 맞서는 공간을 상징했듯, 록페의 여성 기수들 또한 록페의 문화를 바꾸는 주체다. 서로의 몸을 부딪치는 슬램이 과격한 양상으로 흐르지 않도록, 여성 기수들은 안전한 슬램 문화를 만들기 위해 꾸준히 애써왔다. 그가 처음 깃발을 들고 나섰던 부산 국제 록 페스티벌에서도, 그를 중심으로 비슷한 노력을 기울이는 사람들이 있었다.

"(록페에) 낮에 갔을 때 여성 기수분들이 진짜 거의 안 보였어요. 저 혼자 구석에 서 있었는데, 갑자기 어떤 여성분들이 제 어깨를 잡더니 '기차놀이 출발하자'고 하시더라고요."

평화로운 기차놀이를 마치고 내향인 기수에게 한 가지 깨달

음이 찾아왔다. '록페에 오는 여자들에게 여성 기수가 필요했던 거구나.'

남성 기수가 많은 록페와 달리, 광장에서 기수들의 성비는 역전됐다. 체감상 2030 여성들이 대다수다. 이를 두고 그는 "여성들이 하고 싶었던 말들이 많았기 때문"이라고 말했다.

"저를 포함한 내향적인 여성들은 사회에서 '순종적인 사람' 혹은 '분노하지 않는 사람'처럼 보이길 강요받아왔잖아요. 저는 거기에 반하는 깃발로 그걸 깨부수고 싶었어요. 여성들이 여태껏 하지 못했던 말들을 깃발에 담아서 하나의 시각적인 매개체로 세상에 보여주고 싶었던 거예요."

윤석열 퇴진 광장에 깃발이 많은 이유에 대해 신경아 한림대 사회학과 교수는 "윤석열에 반대하지만, 민주당은 아니"라는 '제3세력의 경고'로 해석했다.* 따로 당적이 없는 내향인 기수도 이 분석에 적극 동의했다.

"솔직히 민주당에서 나왔던 선거 후보들이 너무 아쉬웠어요. 그 안에 성폭력 범죄자도 있었고, 진보라고 하기에는…. 왜냐하면 대부분 아저씨들이 여성이나 다양성 의제를 거론할 때 항상 '나중에'라는 말만 했잖아요. 그런 모습을 보면서 2030 여성들의 반감도 컸을 것 같아요. 저도 그랬고요. 부모님은 민주

---

*   서어리·박상혁, "'尹탄핵 집회 이색 깃발들은 '제3의 세력', 민주당에 대한 경고'", 《프레시안》, 2024/12/25.

당을 지지하시지만, 저는 반대로 '왜 선택지가 두 개밖에 없는 거지?' 하는 생각이 들었어요. 너무나도 다양한 장과 의제가 있는데 그걸 포용하지 못한다고 느꼈어요. 그래서 만약에 이번에 정권이 민주당으로 바뀐다 해도 저는 계속 지켜볼 거예요. '제대로 할 거지?' 하는 마음으로."

세월호와 '불편한 용기', 이태원 참사를 지나

내향인 기수의 어린 시절은 "말보다 침묵으로 살아남아야 했던 환경"이었다. 폭력적인 상황에 노출될 때마다 그는 『나루토』 같은 소년 만화를 통해 정의감을 배웠다. 일본의 무협 만화 『나루토』는 소년 닌자 나루토가 천신만고 끝에 나뭇잎 마을의 수장 '호카게'로 성장하는 이야기를 그린다. 흔히 『원피스』, 『드래곤볼』, 『슬램덩크』와 함께 대표적인 소년 만화로 손꼽힌다.

록에 대한 관심도 만화에 대한 애정에서 시작됐다. 일본 만화 애니메이션의 주제가 중 상당수가 록 음악이었기 때문이다. 한번 발을 들인 이후에는 수많은 록스타의 팬이 됐다. 어렸을 땐 자우림과 넬(Nell)을 좋아했고, 지금은 전설적인 록 밴드 오아시스와 싱어송라이터 백예린이 소속된 더 발룬티어스, 실리카겔의 노래를 즐겨 듣는다.

"초등학교 때는 지금보다 더 소심했거든요. 누가 말을 걸지 않으면 아예 말을 안 하는 아이였는데, 그럴 때 만화책을 보며 마음을 푼 것 같아요. 중학교 때는 록 음악을 들으면서 감정을 해소했고요. 성인이 되면서 이제 내 돈 주고 페스티벌에 가는 것까지 자연스럽게 연결됐어요."

그는 이번 광장에서 만난 많은 '오타쿠'를 보며 『나루토』를 읽던 자신의 어린 시절을 떠올렸다.

"이번 광장에 오타쿠들이 정말 많이 나왔잖아요. 그래서 친구들이랑 '역시 만화에서 정의를 배운 사람들이 광장에도 나온 건가'라는 우스갯소리를 나눈 적이 있어요."

본래 그는 '정치는 정치인의 몫'이라 생각하던 사람이었다. 그러나 세월호 참사를 지나 처음으로 집회에 나가게 됐다. 2016년 박근혜 탄핵 집회 당시, 미술을 전공하는 대학생이었던 그는 주말마다 광장에 나갔다. 그에게는 2014년 4월의 세월호 참사도, 2016년 5월의 강남역 살인사건도 결코 먼일이 아니었기 때문이다.

"그전까지 저는 정치에 아예 관심이 없는 사람이었거든요. 그냥 '내가 잘하는 것만 잘 해내면 좋은 삶이지' 하면서 주변을 안 돌아봤던 것 같아요. 그런데 20살이 되고, 세월호 참사를 겪으면서 '누군가의 죽음이 내 삶을 이렇게까지 송두리째 바꿀 수 있구나' 하는 걸 처음 느꼈어요. (지인들의 슬픔을) 바로 옆에서 지켜보며, '이런 일들을 말하지 않고 침묵하는 게 오히려 폭력일 수 있구나'라는 걸 깨달았어요. 그래서 집회에 나가게 됐어요."

 2019년, 동갑내기 가수 설리의 사망은 그가 '내 또래 여성들이 죽지 않는 세상'을 더욱 갈망하게 했다. 그는 다양성이 결핍된 사회에 대한 반작용으로 여성과 성소수자 의제에 깊은 관심을 기울이게 됐다. 불법 촬영 편파 수사를 규탄하는 '불편한 용기' 시위, 낙태죄 전면 폐지 촉구 집회 등에도 참여했다.

 "한국 사회는 여전히 다양성이 부족하다고 느껴요. 특히 여성에게 기대되는 모습이 지나치게 획일적이고, 여성에게 어떤 역할을 '부여'하려는 태도를 버리지 못한 것 같아요. 이를테면 출산을 강요하거나, 온순하고 순종적인 태도를 당연시하는 분위기 같은 것들요. 저는 그런 모습이 너무 폭력적이고 잔인하다고 생각해요. 여성이라는 이유만으로 '사람'이 아니라 '도구'처럼 여겨질 때가 많아서, 저 역시 여성으로서 그 현실을 매일 체감하며 더 깊은 관심을 갖게 되었어요.

 성소수자 인권도 마찬가지로 중요하게 생각해요. 종종 '내 주변엔 그런 사람 없어'라는 말을 들을 때가 있는데, 정말 없다고 믿는 건지, 아니면 그렇다고 믿고 싶은 건지 궁금해지더라고요. 그렇게 누군가의 다양한 삶을 상상하지 못하고 받아들이지 못하면 점점 더 납작해지고, 숨 막히는 사회가 될 수밖에 없다고 생각해요.

 사람은 모두 다르고, 다양하기에 아름답다고 믿어요. 그래서 저는 다양성이 존중되고, 누구나 자기 자신을 표현해도 안전한 사회, 차별과 혐오 없이 공존할 수 있는 사회를 꿈꾸게 되었어요. 이런 흐름 속에서 자연스럽게 그 의제들에 관심을 갖게 된 것 같아요."

2022년 10월 29일, 159명의 희생자를 낳은 이태원 참사 이후 내향인은 심폐소생술(CPR)을 배웠다. 수백 명의 심정지 환자가 동시다발적으로 나타났던 당시 상황을 두고 심폐소생술로 환자를 살릴 '골든타임'을 놓쳤다는 지적이 여럿 나왔을 무렵이었다. 그는 세월호 참사 때 느꼈던 깊은 무기력을 떠올렸다. 다시는 무기력해지지 않기 위해, 동네 보건소에서 응급처치와 심폐소생술 교육을 들었다.

뜻밖에도, 그때 배운 생존술은 2025년의 광장에서 가장 먼저 쓰이게 됐다. 3월 26일, '제2의 남태령'이라 불렸던 전농의 트랙터 투쟁이 이어진 때였다. 전날, 남태령 집회에 가려다 '내란성 두통'으로 앓아누웠던 그는 다음날 경복궁으로 간 트랙터가 경찰에 포위됐다는 소식에 급히 연차를 내고 거리로 나섰다. 그리고 그날 아스팔트 위에서 한 집회 참가자가 정신을 잃은 모습을 목격했다. 급히 깃발을 접고 심폐소생술을 시행했다. 이후 환자는 의료진의 도움으로 무사히 이송됐다.

"저도 너무 놀라서 처음엔 3초쯤 멈춰 있었어요. 그러다 '행동해야겠다'는 생각이 들더라고요. 짧은 순간, 머릿속에 수많은 장면이 스쳐 갔는데요. '생각하지 말고 우선은 해보자' 하고 시작했어요. 다행히 옆에서 많이들 도와주셨어요."

연대가 필요한 곳이면, 어디든 달려갈 것

내향인 기수는 윤석열 퇴진 광장에서 절대다수를 차지한 청년 여성 기수들 중 하나이자, 많은 이의 공감을 받은 깃발의 주인공이다. 그를 인터뷰한 나의 기사는 'X'에서 1,700회가량 리트윗됐으며, "같은 내향인으로서 공감한다"는 반응들이 여기저기서 쏟아졌다. 집회에서도, 록페에서도 '내향인' 깃발을 보고 행복했다는 후기도 줄줄이 이어졌다. 기사에 달린 한 댓글은 다음과 같았다.

"고딩 울 아들이 제일 좋아하는 깃발입니다. 본인 노트북 검정 바탕화면 가운데 쪼꼬마난하게 내향인 깃발 사진을 넣어뒀어요. 집회 나가면 내향인 깃발부터 찾더라구요. ^^ 젊고 센스 넘치는 분들 덕분에 지치지 않고 즐겁게 집회에 참여했습니다. 모두 감사해요."[*]

광장을 바꾼 2030 여성 당사자로서, 그는 '우리'가 광장에 나온 이유를 어떻게 보고 있을까.

"동료들과 이야기를 나눈 적이 있어요. 광장에 나오는 사람

---

* https://omn.kr/2cvf0

들은 어떤 사람들일까…. 우린 결국, '간절한 사람들'이라고 결론을 내렸어요. 누구보다 삶의 간절함을 느끼는 사람들. 살고 싶고, 바꾸고 싶고, 더는 이런 세상에서 침묵을 지키고 싶지 않은 사람들이요.

저는 정말 너무 많은 또래 여성의 죽음을 봤어요. 남자 친구에 의한 살인, 가정폭력, 데이트폭력, 성폭력, 성희롱…. 또 학교에서, 직장에서, 집에서, 길거리까지 여성들이 안전한 공간이 이 사회엔 정말 없다는 걸 절실히 느끼며 살아왔어요. 강남역 살인사건부터 딥페이크 사건, N번방을 포함해 우리 2030 여성들은 그 모든 사건을 직접 목격한 세대예요. 그래서 저는 이 시대에 여자로 살아남은 것 자체가 그저 '운이 좋았던 것'이라고 느낄 때가 많아요.

하지만 운이 아니라, 권리로 살아야 하잖아요. 요즘에도 계속 들려오는 교제폭력, 여성 살해 사건들을 보면서 2030 여성들 사이에서는 '정말 더는 참을 수 없다', '죽기 싫다'는 마음이 널리 퍼져 있다고 생각해요. 그래서 이번 광장에 그 마음들이 모였고요. 분노와 슬픔이 연대가 되고, 그 연대가 기쁨과 용기로 바뀐 순간들이 있었어요. 그저 살고 싶어서, 존엄하게 존재하고 싶어서 나온 거예요."

윤석열 파면 이후, 그가 고민하는 것은 '그다음'이다. 정치에 대해서도 그는 분명한 생각을 갖고 있다. 광장의 외침이 그저 파편적인 목소리에 그치지 않도록, 이를 어떻게 의제화하고 조직화할 것인지 나름의 방향을 그려가고 있다.

"첫째, 문제를 공론화하기. 둘째, 시민단체나 의제별 조직과 연대하기. 셋째, 선거를 통해 심판하기. 넷째, 계속해서 모니터링하고 압박하기. 다섯째, 나처럼 살아가는 사람들에게 말 걸기…. 제일 중요한 건 내 주변 사람들인데요. 주변에서 함께 대화하고, 설득하고, 목소리를 내는 사람이 많아지면 결국 정치도 그 흐름을 따르게 된다고 생각합니다."

어느 순간, 깃발이 곧 '나'이고 내가 '깃발'이라고 느꼈다는 그는 내향인에 대한 세간의 통념을 거부한다. 그는 혼자 있을 때 에너지를 얻는 사람이지만, 광장과 록페에서도 에너지를 얻으며 그 자리에서 할 수 있는 일을 빠르게 찾아내는 데 능숙한 사람이기도 하다.

비슷한 성향의 내향인들에게 그는 "내향인들이여, 일어나자! 그러다 다시 누워 잘 쉬자…. 그리고 다시 일어나자!"라는 말을 전했다. 윤석열이 파면된다면 그가 제일 먼저 하고 싶은 일은 "주말에 집에서 끝내주는 잠을 자는 것"이다.

"탄핵 이후에도 여전히 해결해야 할 일들이 많은데요. 광장에서 외쳤던 목소리와 의제들이 일상에서 실현될 수 있도록 연대가 필요한 곳이 있다면 언제든지 제 깃발을 들고 다시 나타날 준비가 되어 있습니다. 아무래도 깃대를 하나 더 사야 할 것

내향인의 뒷모습.

같네요. 광장에서든, 록 페스티벌에서든 사람들을 볼 수 있다면 좋겠습니다."

파면이 선고된 이후, 그는 광장에서 가장 먼저 집으로 돌아갔다는 소식을 X를 통해 전해왔다. 그러나 이후로도 그는 장애인차별철폐의날에 혜화역 앞에서 열린 집회, 안양 석수역 앞에서 벌어진 전농의 트랙터 상경 시위 등에 계속해서 참여하며 행진을 멈추지 않았다. "광장은 끝나도 행진은 멈추지 않는다"던 그의 신념에 꼭 부합하는 일들이었다.

그 많은 응원봉은 어디서 왔을까
_97년생 김지연

윤석열 퇴진 광장을 주도한 이들을 거칠게 요약하자면, '응원봉 부대'라고 할 수 있다. 1987년 6월항쟁에 '넥타이 부대'가 있었다면, 2008년의 촛불집회에는 '촛불소녀'와 '유모차 부대'로 세분화된 '아마조네스 부대'가 있었다는 분석처럼.*

2016년 박근혜 퇴진 광장에서 김진태 당시 새누리당 의원(현 강원지사)이 "촛불은 촛불일 뿐이지 결국 바람이 불면 다 꺼지게 돼 있다. 민심은 언제든 변한다"라고 발언한 이후, 절대 꺼지지 않는 'LED 촛불'이 등장했다. 그리고 그 뒤를 이어 '응원봉'도 등장했다.

K팝 팬덤을 상징하는 도구인 '응원봉'은 강력한 발광력으로, 늘 광장에 있었지만 주목받지 못했던 2030 여성들을 가시화하는 역할을 했다. 시간이 흐를수록 젠더노소할 것 없이, '윤석열

---

* 이로사·유정인·오동근, '고비마다 촛불 이끈 아마조네스 부대', 《경향신문》, 2008/7/9.

탄핵' 문구가 적힌 응원봉을 들고나오는 이들이 늘어났다. 광장에 나부끼는 깃발들과 함께, 여성들이 밀어 올린 응원봉 시위는 어느새 광장의 보편적인 문화로 자리잡았다. 파면 선고 직후, 전국민주노동조합총연맹(민주노총)이 거리 행진을 위해 내건 현수막에는 이렇게 쓰여 있었다. '응원봉과 함께한 모든 날이 좋았다.'

이 같은 응원봉 문화의 한편에는 '전국 응원봉 연대'가 있었다. 이 연대는 처음부터 조직된 단체가 아니었다. 집회에 같이 갈 동행을 구하기 위해 한 개인이 만든 깃발과 X 계정에서 시작됐다. 그가 비상계엄 선포 이후 열린 첫 주말 집회를 앞두고 X에 깃발 도안과 함께 올린 글 '12/7(토) 국회의사당역 3번 출구 15시'는 조회수 231만 회, '1만 알티'(RT·인용)를 기록하며 폭발적인 반응을 일으켰다. 뒤이어 개설된 카카오톡 오픈채팅방에는 단숨에 최대 인원인 1,000명이 들어왔다.

앞선 인터뷰에서 재정은 응원봉을 들고나온 2030 여성들을 두고 '진보적인 인식과 높은 시민의식을 지닌 여성들'로 평하며 '소위 말하는 운동권 여성들'과는 또 다른 양상을 띤다고 말한 적이 있다. 나는 그 '새로운 여성들'이 궁금했고, 그렇게 전국 응원봉 연대의 기수인 지연을 4월 7일과 8일, 이틀에 걸쳐 만났다. 첫날은 서울 여의도 국회 앞 카페, 둘째 날은 경기 고양시의 한 카페에서였다.

"경기 고양시에 사는 97년생 김지연이라고 하고요. 야간 대학인 서울의 모 전문대학 문예창작과에서 전공심화 학부과정(전문대학에서 취득할 수 있는 4년제 학사 과정)을 밟고 있습니다. 중간에 대학을 자퇴했다가 재입학한 거라 남들보다 좀 일찍 취업한 편이었는데요. 고객센터에서 상담사로 계속 일하다 오늘(7일) 퇴사했는데, 아마 다음 직장도 같은 업종으로 갈 것 같아요. 제 정체성 중 하나를 '콜센터 노동자'로 생각하며 살고 있습니다."

'가짜 뉴스 지라시'인 줄 알았던 비상계엄

지연을 만난 건 윤석열이 파면된 지 불과 사흘 뒤였다. 먼저 선고를 들었던 날의 감상부터 물었다.

"그날 저도 헌법재판소 앞에 깃발을 들고 갔어요. 마음이 뭔가 얼떨떨하더라고요. 파면 선고 직후에 노래(데이식스의 '한 페이지가 될 수 있게')가 나왔는데, 원래는 노래가 나오면 다 같이 깃발을 이렇게 막 흔들거든요(그는 손을 모아 깃발을 흔드는 시늉을 했다). 그런데 저랑 동행하신 저희 전국 응원봉 연대 광주지부 기수님이 깃발을 안 흔드시고 우시는 거예요. 그분을 보니까 저도 '엉엉' 이래 가지고…. 같이 간 다른 응원봉 지부 두 분이랑 옆에 계시던 모르는 할머니, 또 다른 시민분과 이렇게 다 같이 엉엉 울었어요."

그 시각, 나도 헌재 앞에 있었고, 나도 눈물을 흘렸다. 그에게 물었다.

"우리는 왜 울었을까요?"

"해방감, 성취로 인한 자기 효능감 때문인 것 같아요. 지금 말하면서 또 눈물 나려고 하는데…. 하프나 풀코스 마라톤을 완주해서 딱 결승선을 통과하는 느낌이라고 할까요. 다른 분들도 '마치 주마등처럼 지금까지 해온 일들이 스쳐 지나가면서 울음이 막 났다'고 하시더라고요."

지연이 말한 '해방감'이라는 표현에 나도 공감이 갔다. 당시 내가 들었던 생각은 이랬다. '이 한마디를 들으려고.' 이 한마디를 듣기 위해서 지난 겨울이 그리도 고달팠구나. 도저히 말로는 설명할 수 없었던 모든 부조리와 불합리가 이제야 제자리로 돌아온 듯한 순간이었다.

비상계엄이 선포되던 그 밤, 지연은 서울의 대학에서 수업을 마치고 집으로 돌아와 쉬는 참이었다.

"학부 과정이 야간 대학이라 수업이 10시에 끝나요. 녹초가 돼서 서울에서 경기도까지, 고양시로 겨우 돌아왔어요. 부모님도 가족도 다 자고…. 전 거실 중간에 멍하니 서 있었어요. 전 트위터리안이니까. 당연히 탐라(타임라인)를 봐야 하잖아요. 전철에서는 멀미 때문에 힘들어서 못 보고요. 학교에서도 강의 때문에 못 보니까. '오늘의 유머는 뭐가 있을까? 무슨 일이 있

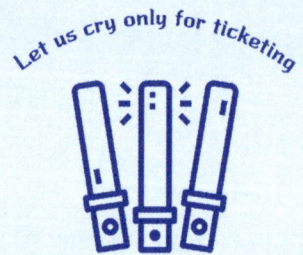

▲ 파면 당일 깃발.
▼ 전국 응원봉 연대(ⓒ김지연).

었나?' 하면서 훑고 있었는데…. 아직도 기억나요. 타임라인에 정확히 3분 전에, 연합뉴스 속보였는지 특보였는지, '윤석열 비상계엄령 선포'라고 돼 있었어요. 트친(트위터 친구)들이 다들 물음표를 엄청나게 띄웠고요. 타임라인이 엄청 빠르게 굴러갔어요. 저도 그 소식을 바로 인용해서 물음표를 달았어요."

부리나케 안방으로 달려가 부모님에게 소식을 알렸지만, 되레 '가짜 뉴스 유포자' 취급을 받았다.

"부모님은 자고 계셨는데요. 아버지를 흔들면서 '아빠, 계엄령을 선포하면 정확히 어떻게 돼?'라고 물어봤어요. 계엄령이 뭔지는 들어봤거든요. 교과서에서 봤으니까. 아빠가 3번쯤 저를 멀리 밀쳐내셨어요. 처음에는 '헛소리 말고 자러 가라', '계엄령은 무슨 계엄령이야'라고 했는데, 제가 '윤석열이 지금 계엄령을 선포했단 말이야! 그러면 어떻게 되냐니까'라고 했더니, 아빠가 '어디서 가짜뉴스 지라시를 듣고 와 가지고'라며 저를 못 믿더라고요. '아니 진짜야'라고 답했더니 그제서야 일어나서서 제 핸드폰도 확인하고 자기 핸드폰 보고…. 결국 다들 일어나라고 깨운 다음에 거실로 나가서 뉴스를 틀었어요."

계엄이 진짜라는 걸 알게 된 가족은 거실에 모여 앉아 뉴스 생중계를 지켜봤다.

"저희 집은 부모님 두 분 다 전라북도 정읍 출신이에요. 정치 성향은 진보 쪽이라고 해야 할까요? 특히 '내란의 힘', 그 당을 정말 싫어하세요. 온 가족이 욕을 하면서 TV를 보는데, 국회에서 계엄이 해제된 시각이 새벽 2시쯤이었잖아요. 저는 그때 학교 근로 장학생으로 한국장학재단 기숙사에서 일을 돕고 있었거든요. 다음 날 바로 출근해야 해서 어쩔 수 없이 그것까지만 보고 자러 갔는데, 아빠는 아예 잠을 안 주무셨더라고요. 새벽 5시에 윤석열이 해제를 인정하는 것까지 다 보고 주무셨대요. 아침에 부모님이 꼬박 밤을 새우신 걸 보면서 '아, 진짜 큰일 났다.' 싶었어요. 그리고 제 트위터 타임라인도 난리가 났어요."

"내가 직접 여성들을 초대하자"

그 주 토요일에 지연은 광장에 나섰다. 퍼뜩, 깃발을 들고 나가야겠다는 생각이 들었다. 지연에게 윤석열 퇴진 광장은 부채감을 불러일으키는 공간이었다. 2016년 박근혜 퇴진을 촉구하는 촛불집회 당시, 그는 수능을 준비하던 재수생이었다. 여대에 진학한 고교 동창들은 이화여대 미래라이프대학 신설 반대 투쟁에 이어 촛불집회까지 참여했지만, 지연은 그저 지켜보는 수밖에 없었다.

"지금도 활발하게 교류하는 고교 동창들 가운데 여대 출신이 많아요. 이화여대 시위에도 많이 연대했고…. 그런데 당시에 저만 빼고 신기하게도 신문 1면에 일렬로 서 있는 사진이 실린 거예요. 그래 가지고 그때 느꼈던 부채감이 이번에 꽤 강하게 작용했어요."

 계엄령이 선포되기 한 달 전인 2024년 11월, 동덕여대에서 공학 전환 반대 투쟁이 불거졌을 때 지연은 일종의 '기시감'을 느꼈다.

 "동덕여대 학내 시위가 데자뷰처럼 이화여대 때와 겹쳐 보이더라고요. '얼른 도와줘야겠다' 싶어서 학교 강의도 한 번 째고, '학잠(학교 점퍼)을 어떻게 보내야 하지?' 하며 여대를 졸업한 친구한테 물어도 보고, 저 나름대로 분주하게 발을 동동 구르고 있었단 말이에요. 그래서 이 모든 일이 더 크게, 충격적으로 다가왔어요. 뭔가 '새로운 역사가 쓰이고 있다'라는 생각이 들었던 것 같아요. 그래서 계엄 다음 날 바로 서칭을 시작했어요. 깃발을 만들어야겠다⋯."

 깃발을 만들겠다고 처음 결심했을 때, 지연은 여러 아이디어를 떠올렸다. 그 가운데는 '멸시가장자리악을 타고 다니는 사람들 모임'이 있었다. 나는 물었다.

 "멸⋯. 그게 풀네임이 뭐라고요?"

 "지하철 경의중앙선의 멸칭으로 쓰이는 밈인데요. '경의'도 아니고 '중앙'도 아니고 '선'도 아니라는 의미에서⋯."

 지연과 나는 인터뷰 첫날, 서울 여의도 국회 앞 카페에서 만나기로 했다. 윤석열 퇴진 광장의 주요 거점인 국회의 민트돔을, 지연의 응원봉이 내리치는 장면을 연출해 촬영하려 했기 때문이다. 그러나 하필 그날 여의도 벚꽃축제가 시작되어 외부인의 국회 출입이 통제된다는 사실을 나는 인터뷰 몇 시간 전에야 알게 됐다. 약속 장소를 급히 바꿀까 했으나, '어차피 여의도가 서울의 중심이니까' 하는 마음으로 그냥 두었다. 날이 날인지라 여의도 일대는 극심한 교통체증을 겪었지만, 인터뷰이도 서울에 살 것이라는 가정 하에 나쁘지 않으리라는 짐작으로 그대로 강행한 것이다. 그렇게 나는 고양시에 있는 집에서 꼬박 1시간 10분을 들여 여의도에 도착했다. 그런데 알고 보니, 지연도 고양시에 살고 있었다. 심지어 우리 집에서 버스로 불과 10분이면 닿을 거리였다. 옆동네 주민 둘이서, 굳이 나의 '서울 중심적' 사고 때문에 서울 한복판에서 만나게 된 거였다.

나는 지연에게 경의중앙선이 만날 지연되는 현실 때문에 '고도가 기다리던 건 경의중앙선이었을 거야'라는 믿음이 있다는 것을 처음 들었다. 그리고 한참 동안 서로 경의중앙선에 관한 불만을 쏟아냈다. 만약에 지연이 '멸시가장자리악을 타고 다니는 사람들 모임'이라는 깃발을 가지고 나왔다면, 나도 서울을 오가는 고양시 주민으로서 자연스레 그 깃발 아래에 있었을 것이다. 우리는 동네 주민들이 굳이 서울서 만난 비효율적인 오늘의 약속과 함께, 깊이 뿌리박힌 '서울중심주의'에 대해 자조 섞인 농담을 나눴다. 이튿날 인터뷰는 지연의 집 근처에서 이어갔다.

그러나 지연이 원한 깃발은, 자신의 정체성 가운데 가장 '메이저'한 것을 앞세운 것이었다. 그는 만화, 애니메이션, 웹소설 등 2D 콘텐츠는 물론, 샤이니와 뉴진스를 좋아하는 K팝 팬인 자신을 떠올렸다.

"제 별명이 '작은 도서관 관장님'일 정도로 북호더(book hoarder·책 축적가)여서, '출판계의 빛과 소금 연합' 등 여러 가지를 고민했어요. 하지만 그중에 당시 제가 한창 의식하고 있던 여성 의제와 트위터에서 활동해왔던 것들, 그리고 저 자신을 온전히 담을 수 있는 건 결국 '응원봉'이었어요. 저도 제 응원봉을 들고 나가고 싶기도 했고요. 2016년 박근혜 탄핵 광장에서 활약했던 '전국 응원봉 연대' 깃발의 트위터 계정이 더는 흔적을 찾을 수 없는 상태였기 때문에 제가 그 이름을 오마주해 새로운 깃발을 만들어도 되겠다는 생각을 했어요."

그렇게 2D(만화, 애니메이션, 웹소설 등), 3D(K팝 아이돌 등 현실 속 연예인), 버추얼(가상) 아이돌을 모두 망라한 새로운 응원봉 연대 깃발이 탄생했다. 이전 깃발에 쓰였던 문구 'JUST LET ME DUKJIL'은 'let us cry only for ticketing'으로 바뀌었다.

전국 응원봉 연대는 오프라인 광장에 나서기 전부터 온라인 광장에서 먼저 '흥했다.' 모일 장소와 시각을 알린 지연의 첫 글은 하나의 정치적 선언이었다. 당시 지연이 올린 글은, 고 박원

순 전 서울시장 성폭력 사건의 2차 가해자인 김민웅[*] 전 경희대 교수가 상임대표로 있던 촛불행동에 직접 문제를 제기하고 이에 대항하는 성격을 띠고 있었다.

"당시 트위터에서 누군가 '응원봉 들고 가도 되나요?'라고 물었고, 촛불행동 쪽에서 '얼마든지 들고 오시면 된다'는 식의 메시지를 남겼어요. 그게 한창 알티를 타고 있었고요. 그걸 보니까 배알이 꼴리는 거예요. 저는 박원순(전 서울시장 성폭력 사건)…. 그것과 관련해서 약간의 불편함이 있었거든요. 저를 존중해주지 않는 초대자가 있는 자리에 객체로 들어가고 싶지 않았어요. 그래서 차라리 '내가 여성들을 직접 초대하자'고 생각했어요."

그렇게 2024년 12월 7일, 리뉴얼 버전 '전국 응원봉 연대'는 처음으로 광장에 모습을 드러냈다. 약속한 장소는 '국회의사당역 3번 출구'였지만, 역으로 가는 길목인 여의도 공원 인근에 다다른 순간부터 깃발은 엄청난 인파의 환호 속에 휩싸였다. 처음 함께 동행을 구했던 오픈채팅방을 개설한 '방장'을 찾을 새가 없을 정도였다.

"처음엔 방장님이 마중을 나오신 줄 알았어요. 너무 많은 분

---

[*] 김민웅 전 경희대 미래문명원 교수는 2020년 12월 자신의 페이스북에서 박 전 시장 성폭력 사건 피해자의 실명을 노출한 혐의로 기소돼 2024년 10월 대법원에서 징역 1년, 집행유예 2년이 최종 확정됐다.

이 나와서 '응원봉 들고 왔다!'며 환호를 해주시더라고요. 인파가 너무 많아서 길이 막혔어요. 결국 '여기 있겠습니다' 하고는 밤이 돼서 행진이 시작될 때까지 거기 있었어요."

'훼걸'들에게 정치는 이미 익숙하다

집회 현장에서 줄곧 깃발과 응원봉을 같이 들고 다닌 지연은 자신을 '훼걸'(fangirl·무언가의 팬인 여성)로 정의한다. 이러한 그의 정체성은 거의 전 생애에 걸쳐 지속돼왔다. 처음 그가 아이돌 샤이니에 '입덕'한 건 2009년, 초등학교 6학년 때였다. 샤이니의 노래 '링딩동'과 '조조'에 마음을 빼앗겼다. 2023년에는 불현듯 자신이 뉴진스의 멤버 해린의 생일을 콘텐츠 플랫폼 리디의 비밀번호로 쓰고 있다는 사실을 알아차렸다. 그제야 비로소, 자신도 모르게 '입덕 부정기'를 지나 어느새 뉴진스의 팬이 되었다는 것을 깨달았다.

그에게 응원봉은 단순히 팬심을 드러내는 도구가 아니다. "제 마음을 지켜주는 마음속 등불, 등불 같은 이정표"다. 가장 좋아하는 것을 상징하는 동시에, 밤길을 밝히는 등불처럼 같은 응원봉을 든 사람끼리는 광장에서 서로를 알아보고, 위급한 상황에 처하면 언제든 나를 도와줄 것이라는 안심을 주는 매개로 쓰인다는 뜻이었다.

지연은 광장에 응원봉이 자주 출현하게 된 흐름을 K팝의 성

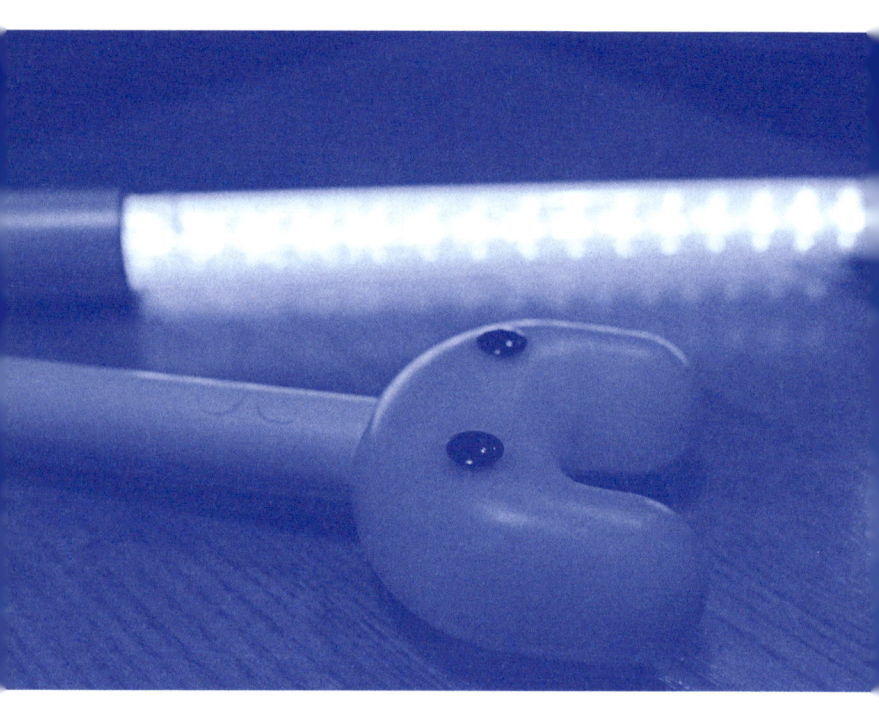

광장을 빛낸 뉴진스의 빙키봉과 샤이니의 샤팅스타.

장과 궤를 같이하는 일로 본다. 외교부 산하 한국국제교류재단에 따르면, K팝 팬덤 시장의 규모(2023년 기준)는 약 8조 원에 달한다. 당연히 K팝이 성장함에 따라 아티스트의 숫자와 함께 팬덤이 확장되며 다양한 팬덤을 상징하는 응원봉이 만들어졌다. 그 응원봉들이 대거 광장에 나온 것이다. 실제로 지연이 들고 나온 샤이니의 샤텅스타와 뉴진스의 빙키봉뿐 아니라 BTS의 아미밤, NCT의 음뭔봄, 스트레이키즈의 나침봉, 온앤오프의 워프봉, 데이식스의 마데워치 등 다양한 K팝 아티스트의 응원봉들이 이번 광장을 물들였다.

"K팝 역사가 누적됐기 때문이라고 봐요. 그만큼 오랫동안 많이들 좋아해 왔고, 세대가 누적되면서 K팝을 즐기는 인구도 훨씬 많아졌다…. BTS가 빌보드 차트에서 1위를 했을 때처럼, 이제 블랙핑크가 빌보드에서 영향력을 행사하는 것도 전혀 놀랍지 않잖아요. 흔히 '2030 여성'이 주도한다고 하지만, 막상 광장에 가보면 '4050' 여성분들도 많이 계시고요."

지연이 말했듯, 응원봉이 광장에 등장한 데는 K팝의 세계적인 성장과 팬덤의 확산이 영향을 미쳤다. 그러나 응원봉을 든 여성들이 왜 광장에 나왔는지, 그 이유는 조금 다른 차원에서 바라봐야 한다. 힌트는 이어지는 지연의 이야기에 있었다. '휀걸'들은 이미 오래전부터 정치와 행정에 익숙해진 존재였다.

지연은 엔터테인먼트사를 상대로 팬들이 어떻게 저항과 타협의 정치를 전개했는지 이야기했다. 그는 아이돌 소속사를 일종의 '정부'라고 칭했다. 내 가수를 키우고 매니징하는 '사측'인 동시에, 팬들에게는 소비자로서 누려야 하는 권리나 인권, 또는 가수의 노동권을 침해하는 대상이기 때문이다. 아이돌 팬들은 부당한 소속사의 처신에 대항해 숱한 정치적 실천을 수행해왔다. 성명서를 내고, 항의 트럭을 보내 시위를 벌이고, 불매 운동 등을 조직하며 직접 행동에 나섰다.

지연은 엔터사와 팬덤 간의 관계가 여성혐오적 정치가 구조화된 국가와 여성의 관계랑 고스란히 닮아 있다고 봤다.

"저는 엔터사와 케이팝 팬 사이의 묘한 관계가, 국가가 여성을 대하는 태도와 비슷하다고 생각해요. 저희는 그들이 내놓는 아티스트를 동경하며 따라다니는 팬이자, 어떻게 보면 소비자이면서 고객이잖아요. 근데 저희는 자주 갑질을 당해요. 경호원에 폭행·성추행을 당하거나, 팬미팅에서 성추행에 가까운 속옷 검사를 당하기도 하고요. 그런 걸 당하고 싶지 않아서 늘 함께 항의하고 싸워요."

실제로 K팝 팬들이 '과잉 경호' 피해를 입는 사례가 속출했다. 2023년 2월, 인천국제공항에서는 NCT드림의 경호원이 30대 여성 팬을 밀쳐 전치 5주의 부상을 입힌 혐의로 검찰에

송치됐고,* 2024년 7월에도 크래비티의 경호원이 10대 여성 팬을 밀쳐 뇌진탕 진단을 받게 만든 사건이 드러났다.** 실제로 팬사인회장에서 녹음이나 촬영을 방지한다는 이유로 팬들의 몸을 수색하고 속옷 검사를 벌이는 등 성추행을 당했다는 폭로도 자주 불거져 나온다.

지연은 샤이니의 팬덤 '샤이니월드'가 소속사 SM엔터테인먼트(SM)를 상대로 거둔 승리의 역사를 들려주었다. 2023년 4월 SM은 샤이니의 데뷔 15주년 팬미팅 장소를 경기 일산 킨텍스로 공지했다. 하지만 단차가 없는 평지 좌석에 모든 티켓 가격이 9만 9천 원으로 책정된 점, 시야 제한을 이유로 환불이 불가한 점 등을 두고 샤이니 팬들은 명백한 갑질이라며 보이콧에 나섰다. 집단 지성으로 온라인 성명서를 만들어 공유했고, SM 사옥 앞에서 트럭 항의 시위를 벌인 것.

그 결과, 결국 공지한 지 하루 만에 팬미팅 장소는 서울 잠실 실내체육관으로 변경되었고 티켓팅 일정이 바뀌었다. 그러나 당초 선예매 티켓팅 예정일이던 5월 2일, 보이콧 수단의 하나로 예정됐던 영상회는 그대로 진행됐다. 그날은 지금껏 샤이니

---

* 이재은, '공항서 팬 밀쳐 늑골 골절…NCT 드림 경호원 검찰 송치', 《이데일리》, 2023/5/24.
** 김지윤·정인아, '[단독] "나오라고!" 10대 팬 머리를 퍽…아이돌그룹 경호원에 맞아 '뇌진탕'', 'JTBC', 2024/7/22.

팬들에게 '오이절'로 통한다.

"선예매 티켓팅 당일, 원래 '홈마'(홈페이지 마스터의 줄임말, 대형 카메라를 들고 연예인을 전문적으로 촬영해 커뮤니티나 SNS 등에 올리는 팬)분들이 제안했어요. '우리 이거 불매 운동을 합시다'…. 그래서 티켓팅이 시작되는 저녁 8시에 지금까지 쌓아왔던 광고부터 시작해서 (샤이니) 데뷔 영상, 이제 어디서도 구할 수 없는 희귀 영상 같은 것들을 유튜브 스트리밍으로 틀었어요. 하루 종일 몇만 명이 들어가서 '여기서 우리끼리 파티를 열고 놉시다' 해서, 그거를 계속 틀어 놓고 다 같이 봤어요. (유튜브에서) 저작권 위반으로 계속 신고당하고 정지당하면 곧바로 링크를 또 파고 스트리밍을 켜고. 그렇게 그날 온종일 모든 사람이 다 동참해서 추억에 잠겼어요…. 그걸 기차라고 하거든요? 영상 기차를 달려서 그동안 팬들이 쌓아온 콘서트 영상들, 직캠들, 그간 아껴왔던 모든 걸 아낌없이 풀어냈어요. 다 함께 영상을 기부하고 공유하면서 그날을 기념했어요. 그건 단순한 불매운동이 아니라, 어떻게 보면 일종의 시위이자 집회로 볼 수 있을 것 같아요. 남태령 대첩 같은 현장을 보면 참가자들이 계속 노래를 따라 부르고 발언하고 그러잖아요. 우리는 유튜브 스트리밍이라는 방식으로 시위 현장과 같은 메커니즘을 구현한 거예요."

지연의 경험처럼, 소속사와 '보이콧'이라는 정치적 줄다리기를 이어가면서도 팬덤 내부에서 부단한 논의를 거쳐 정치적 의사를 표현한 배경에는 뛰어난 '행정력'이 있다. 윤석열 탄핵 광장이 열리고 응원봉을 든 'K팝 팬덤의 힘'이 연일 언론에 오르내리던 때, 한 동료 기자가 내게 말했다. "공방(공개방송) 한 번 다녀오니까, 진짜 그 힘이 어디서 나왔는지 알겠더라니까요." 뒤늦게 아이돌 팬덤 문화에 푹 빠진 그는 그들의 조직력과 일사불란함을 언급하며 혀를 내둘렀다. 지연이 깃발을 처음 들고 나간 2024년 12월 7일 여의도 집회에서 목도한 광경도 비슷했다.

"어떤 분들은 인파가 몰려 광장의 길이 막히자 되게 주도적으로 교통정리까지 해주셨어요. 다들 초면인 상황에서도 '자, 다들 두 줄로 안전하게 차례대로 앉읍시다. 이 길은 소방대원 분들이 다니셔야 하니까 비워 놓으시고요. 잔디밭 위로 올라가지 마시고, 최대한 두 줄로 서시고 쓰레기는 이쪽으로 주시고'…. 그 모든 자원봉사가 일사불란하게…. 저는 그분이 아마 굉장히 오랜 세월 아이돌 팬으로 활동했거나 공방 같은 데를 뛰신 분이라고 생각했어요. 공방에 가면 다른 팬덤들도 있고, 거기선 질서가 굉장히 중요하단 말이에요. 질서를 안 지키면 최악의 경우 해당 팬덤은 방송사 출입이 금지되고, 그렇게 되면 그 가수는 앞에 팬 좌석이 텅 빈 채로 공연을 하게 돼요. 또 팬들은 비매너 행위로 그런 처분을 받았다는 것을 불명예스럽게 여기기 때문에 질서를 특히 중요하게 생각해요."

거기에 더해 '덕질'에 필수적으로 따라오는 일명 '뺑이를 치는'('고생하며 힘든 일을 하다'는 뜻으로 군대에서 나온 은어) 감각이 아이돌 팬들에게는 익숙하다. 윤석열 퇴진 광장을 두고 'X' 등에선 소위 '좌뺑이를 친다'는 말이 유행했는데, 지연은 아이돌 덕질이야말로 "뺑이치는 방법에 있어서 집회와 너무 유사하고, 어떤 면에서는 더 혹독하다"고 했다.

"공방 같은 경우 '사녹'(사전녹화)은 대부분 새벽에 열려요. 방송국은 며칠 전부터 신청을 받고, 방청객은 새벽 4시부터 기다리고. 저는 중학생 때 처음 공방에 갔는데, 그때가 아마 마지막으로 현장에서 줄을 서서 음악 방송에 들어갈 수 있었던 시기였던 것 같아요. 새벽 4시에 가서 줄을 서고, 온종일 기다렸다가 오후 4시나 5시에 시작하는 음악방송을 보러 들어가는 거예요. 고등학교 때 한 번 더 갔는데, 그때는 시스템이 달라져 있었어요. 사흘 전부터 와서 얼굴을 비추고 기다린 끝에 번호를 받고, 다음 날 정해진 시각에 출석 체크를 하고, 몇 시간 뒤 또 한 번 출석 체크를 하고, 당일 아침에도 출석 체크를 해야 해요. 그 모든 과정에 빠지지 않아야 번호가 적힌 특별한 종이를 들고 현장에 들어갈 수 있는 거예요. 특정 장소에 만날 가서 부를 때마다 늘 죽치고 앉아 있어야 해요. 지원자는 너무 많고, 중간에 이탈을 하면 바로 채워 넣을 수 있는 사람들이 뒤에 많으니까, 계속 그렇게 '시험'치듯 하는 거예요. 그런데 저도 솔직히 왜 이렇게까지 하는지 그 이유를 모르겠어요. 이게 정말 '악의 없이' 이뤄지는 일일까요? 아니, '악의 없이'가 아닌 것 같아요. 아니, 악의 없다는 말은 안 통할 것 같습니다. 분명 악의를 가지고 여성 팬덤에게 횡포를 부리던 민낯들이 아닐까…."

그럼에도 불구하고 그는 "아이돌 팬으로 살며 사랑을 배웠다. 나의 사랑을 지키려다 보니, 정치도 하게 됐다"고 말했다.

"사랑이 사실 굉장히 정치적인 거잖아요. 남녀 관계에서도 '썸'이다, '썸 미만'처럼 여러 단계를 나누고, '깻잎 잡아줄 거야 말 거야' 같은 사소한 문제로도 엄청난 공방이 벌어지잖아요. 저는 결국 모든 감정이 정치적이라고 생각해요. 저희 활동도 그렇고, 팬덤 안에서 홈마로 활동하는 분들이 하는 일도 마찬가지예요. 행정력을 발휘해서 무엇인가를 기획하고, 구성하고, 실천하고, 윤리 강령을 만들고, 집단을 이끌면서 자정 활동까지 벌이잖아요. 이 모든 것이 굉장히 정치적인 움직임이라고 생각해요."

안희제 작가는 『망설이는 사랑』에서 K팝 아이돌을 둘러싼 '논란'과 그 앞에서 망설이는 팬심, '무지성'으로 요약되는 '팬덤 정치'라는 말이 담지 못하는 윤리적 분투를 다뤘다. 바로 그 지독한 공론장을 겪으며, 지연은 사랑이라는 감정으로부터 정치를 배웠다고 말하는 것이다.

"아이돌 그룹 팬들 사이에서도 '너 몇 명 지지해?'라는 질문을 흔히 해요. 샤이니 팬덤에서는 '너 그래서 샤이니가 몇 명이라고 생각해?'라는 말로 시작해서 각자 계정('X') 안에서 고도로 첨예하고 날카롭게 서로를 구분하면서, 그 안에서 나름의 파워를 만들어서 살아가는 그런 시대라고 생각하거든요. 굉장히 열정적으로 다투기도 하고, 또 어떤 사안에서는 힘을 합쳐 소속사에 이의를 제기하기도 해요. 하지만 이의 제기 과정에서도 의견이 엇갈리면 또 격렬하게 충돌해요. 그렇게 갈등과 연대 속에서 팬덤은 단련되어 존재해온 게 아닐까 싶어요."

김영대 음악평론가는 "원래 아이돌 응원봉이라는 것은 팬덤의 이기심과 배타성의 상징"인데 "팬덤의 논리와는 무관한 탄핵이라는 공통의 목표 앞에서 응원봉은 완전히 다른 평화적 투쟁의 도구로 재탄생된다"라고 분석한 바 있다.[*] 나는 지연의 말을 들으며, 내가 응원하는 야구선수의 이름을 새긴 응원봉을 들고 처음 나섰던 집회를 떠올렸다. 2024년 12월 14일, 국회에서 대통령 윤석열에 대한 탄핵소추안이 가결되어 국회 앞 광장에 '다시 만난 세계'가 울려 퍼졌을 때, 색색의 응원봉이 눈앞에서 힘차게 흔들렸을 때, 나는 뭔가 기시감을 느꼈다. 그것은 2023년 여름, 부산 사직야구장에서 열린 KBO 올스타전을 보

---

[*] 김영대, '희망가이자 투쟁가로 변신한 '다시 만난 세계'', 《시사저널》, 2025/1/4.

러 갔을 때의 기분과 비슷했다. 각자 응원하는 팀의 승리를 목이 터져라 부르짖던 10개 구단의 팬들이, 그날만큼은 '나눔', '드림'이라는 두 개 팀으로 한데 묶였다. 평소에는 얄밉게만 들렸던 다른 팀 응원가를, 오늘은 '한 팀'이라는 미명하에 함께 불렀던 그 순간. 그날 어느 선수가 언제 타석에 나왔는지, 승패가 어떻게 갈렸는지 등은 하나도 기억에 남지 않았다. 오로지 NC 다이노스의 팬인 내가 타팀의 외국인 선수, 소크라테스의 응원가를 어느덧 줄줄 꿰고 있었다는 것, 노래하기를 좋아하는 사람이라는 사실만을 알았을 뿐이다. 야구라는 공통분모로 모인 것이 'KBO 올스타전'이었다면 '윤석열 탄핵'이라는 공동의 목표 아래 모인 곳은 광장이었고, 그중에서 K팝 팬이라는 정체성을 도드라지게 드러나게 해준 상징이 바로 응원봉이었다.

"아이돌 홈마 계정을 운영하는 감각으로 했어요"

2D와 3D 등 여러 팬덤을 폭넓게 이해하는 지연은 나에게 특별한 인터뷰이였다. 이틀에 걸쳐 가장 긴 시간 동안 인터뷰한 사람이었고, 나에게 'X'부터 시작해서 K팝 팬덤, 서브컬처에 이르기까지 10·20·30대 여성들이 향유하는 문화를 '1타 강사'처럼 알려준 이이기도 하다. 특히 만화, 애니메이션, 웹소설, 버추얼 아이돌 등 주류 문화의 바깥에서 형성된 서브컬처, 특히 그중에서도 깊고도 좁은 '2차 창작'의 세계에 대해 오랜 시간

강의를 듣듯 배웠다. 지연은 본인 역시 일본 배구 만화 『하이큐』와 웹소설 『데뷔 못 하면 죽는 병 걸림』의 팬픽을 쓰는 2차 창작자다. 2차 창작물의 앤솔로지(합본)에 원고를 싣거나 합동지를 함께 만들 사람들을 모아 직접 기획하고 발간하기도 했다. 전국 응원봉 연대 깃발이 '2D'와 '버추얼'까지 포괄하는 이유도 여기에 있다. 굳이 응원봉을 들지 않아도 광장에 나온 거의 모든 팬덤을 지지한다는 메시지를 담아낸 것이기 때문이다.

앞서 내향인 기수는 나에게 "만화에서 정의를 배운 오타쿠들이 광장에 많이 나왔다"는 말을 전했다. 꼭 만화를 좋아하는 오타쿠가 아니더라도, 서브컬처를 향유하는 오타쿠들이 광장에 적극적으로 나온 이유는 지연의 이야기를 들으며 어느 정도 짐작할 수 있었다. 너무도 '퀴어'한, 서브컬처의 세계에서 자신을 자연스럽게 퀴어로 정체화한 이들이 있기 때문이다. 이는 여성학자 김영옥이 말했듯, 아이돌 팬덤이나 만화, 팬픽, 애니메이션 등의 문화를 통해 성적 정체성과 젠더를 유희적으로 실험해 온* 흐름과 연결된다.

예를 들어 지연은 2차 창작 작가로서 주로 '드림'이라는 장르의 글을 쓴다. 드림은 원작 만화나 웹소설 속 세계에 '나'를 투사한 가상의 캐릭터를 등장시켜서 원작 인물들과 주로 로맨

---

*   김영옥, 앞의 논문, 2009, 12쪽.

틱한 관계를 맺는 식의 2차 창작물이다. 지연은 서브컬처 플랫폼인 '크레페'에서 사람들에게 의뢰를 받고, 보수에 해당하는 '커미션'을 받으며 작업한다. 유명 만화나 웹소설을 바탕으로 의뢰인의 취향에 맞춰 이야기를 구성하는 일종의 주문 제작 방식으로 콘텐츠를 만드는 셈이다. 그러나 흥미로운 점은 지연이 '샤이니 오빠'들을 대상으로는 단 한 번도 팬픽 같은 2차 창작을 해본 적이 없다는 사실이다.

"저도 샤이니 팬픽은 다양하게 읽었지만, 제 '오빠들'과 사귀고 싶다고 생각해본 적은 한 번도 없어요. 저는 아이돌을 늘 '아이돌 그 자체'로만 바라봤거든요. 그건 제 성향이나 성 정체성과도 연결된 것 같아요. 저는 살아 있는 사람에게는 섹슈얼한 끌림이나 로맨틱한 감정을 느끼지 않아요. 그래서 그런 관계는 오직 '2D' 안에서만 형성돼요. 누가 제 정체성을 자세히 물어보면 '에이섹슈얼*인 것 같아요', '그레이로맨틱**이기도 해요. 아주 드물게 로맨틱한 끌림을 느끼는 성향이거든요'라고 대답합니다. 그래서 저는 에이엄*** 정체성을 지니고 있어요."

여러 팬덤을 거치며 '사랑은 정치다'라는 사실을 체득해온

---

*   Asexual. 무성애자.
**   Grey-romantic. 로맨틱한 끌림을 아주 드물게 느끼는 성적 지향.
*** A-umbrella. 어떤 성별에도 정신적 사랑이나 육체적 끌림을 느끼지 않는 성 지향성의 총체.

지연에게 '정치'라는 단어는 낯설지 않다. 윤석열 퇴진 광장에서는 '탄핵'이라는 명확한 목표를 중심으로 자신이 가진 것 중 가장 '메이저'한 정체성을 앞세웠다. 가시성을 치열하게 고민했고, 행정력을 총동원해 일의 흐름을 기획하고 실행한 분명한 정치적 주체였다.

그는 '전국 응원봉 연대'의 계정주이자 기수로 여러 일을 도모했다. 먼저 지역과의 연대를 위해 깃발 도안을 제공했다. 그렇게 서울지부, 전라-광주지부, 상주-대구지부, 대전세종충청지회가 탄생했다. 광장에서 만난 기수들에게 '전국 깃발 여행'을 제안해 지난 3월 22일 대전 집회에 다녀오기도 했다. 깃발이 닿지 못하는 곳에는 광장의 스티커를 함께 나누기 위해 직접 발송 프로젝트를 기획했다. 자기 자신도 서울 밖에 거주하는 '멸시가장자리악'의 이용자로서 그는 서울 중심으로 이뤄지는 문화에 대한 거리감과 소외감을 누구보다 예민하게 인식하고 있었다. 서울 밖 지역의 문화 접근성 문제를 오래 고민해온 그였기에 물리적 거리로 인해 광장에 오기 어려운 이들과 연결되려 했던 것이다.

"'서울 집회는 깃발들 덕에 주목을 받았지만, 지역 집회는 오히려 그 때문에 더 가려진 건 아닐까?' 하는 생각이 들었어요. 서울 집회의 화려함에 모두 빠져들어서 트위터의 빠른 소식 전달력과 네트워크 조직도 지역 집회 소식을 접하기가 굉장히 힘들거든요. 반면 저는 각 지부의 깃발 덕분에 지역 소식을 꾸준히 접할 수 있었어요. 유명한 깃발이 서울에서만 볼 수 있는 게 아니라 '지역으로 내려온다'는 상징성, 그것이 굉장히 클 거라고 생각했어요."

광장에 나선 경험은 윤석열 탄핵 국면이 처음이었지만, 그는 초등학교 5학년 때 갔던 동인 행사(일본 만화, 애니메이션과 관련한 오프라인 행사)를 '인생 첫 집회'로 여긴다. 표준국어대사전에 나오는 집회의 사전적 정의 '여러 사람이 어떤 목적을 위하여 일시적으로 모임'을 생각하면 틀린 말도 아니다.

"'왜 이렇게 일이 커진 것 같지?' 하고 주변에 물었더니 제 지인들이 그러더라고요. 20살 때부터 동인 행사나 책 앤솔로지를 기획했던 경험, 콜센터 상담사로 일하며 공적인 언어를 다뤘던 것, 그런 모든 경험이 절묘하게 맞아떨어졌다고요. 그래서 제가 만든 계정이나 활동이 실재하는 어떤 '진짜 단체'처럼 보였다는 거예요. 그래서 더 주목받은 것 같대요.(웃음) 사실 저는 그냥 아이돌 홈마 계정이나 앤솔로지 계정 운영하듯, 그 감각으로 했을 뿐인데요."

아름다운 이별을 꿈꾼다

응원봉을 들고 광장에 나오는 일을 두고 아이돌 팬덤 내에서는 의견이 분분했다. "왜 우리 아티스트를 정치적으로 이용하느냐"는 비판도 적지 않았다. 이에 대한 지연의 답변은 명쾌하다.

"'어쩌라고'라고 생각해요. 어쨌든 제 소유물이잖아요. 이렇게 사용했을 때 저희 팬덤, 저희 오빠(샤이니)에게 혹은 여동생(뉴진스)들에게 돌아갈 긍정적 이미지가 부정적 이미지를 압도하는 사건이라고 봤어요."

실제 뉴진스를 포함해 아이유, 걸그룹 소녀시대의 유리 등 K팝 아티스트 상당수는 '집회 선결제' 행렬에 동참하며 광장에서 응원봉을 든 팬들의 행동에 적극 호응했다. 연예인의 정치적 의사 표명이 금기시되는 한국 사회에서 이례적인 행보였다.

그럼에도 지연은 '윤석열 퇴진'이라는 대전제를 제외한 개별 의제 참여에는 극도로 신중한, 어쩌면 매우 '보수적'인 입장을 취했다. 전국 응원봉 연대의 활동도 향후 스티커 나눔과 광주와 대구, 부산의 깃발 여행을 끝으로 막을 내릴 것이라고 했다. 지연은 인터뷰 도중 '박제'라는 말을 많이 사용했는데, 그는 탄핵 광장에서의 여정을 '아름다운 이별'로 박제하고 싶어 했다. 멤버 종현의 죽음으로 말미암아 샤이니에 대한 사랑이 "박제됐다"고 표현한 것과 비슷한 맥락이다.

"스티커 나눔을 해드리고, 깃발 여행을 마치고 나면 아름다운 이별…. 사실상 죽음 같은 거예요. 이대로 소멸시켜야 제가 지켜왔던 가치를 그대로 박제시킬 수 있다고 생각해서…."

지연은 향후에도 정당에는 가입할 생각이 없다. X상의 '맘

찍'('마음을 찍다'의 줄임말로 트위터상에서 '좋아요'를 눌렀다는 뜻)도 '보수적으로' 집행한 것을 두고 그는 "굉장히 정치적인 행위"라고 했다. 그는 입장이 갈릴 수 있는 개별 의제에 참여함으로써 발생할 수 있는 '노이즈'가 전국 응원봉 연대가 지닌 대의 자체를 훼손할 수 있다고 봤다.

"유치하게 들릴 수도 있는데, 저는 사안의 무결점에 집착하는 편이고 그동안도 그런 식으로 운영해왔어요. 인간의 입체적인 특성을 인지하지 못하는 건 아니지만, 제가 100% 신뢰할 수 없는 곳에 제 인적 사항을 넘기고 싶지 않아서 정당에도 가입하지 않았어요. 저희 깃발 계정의 팔로워, 그중에서도 청년 여성들이 이번에 가지게 된 상징성을 저는 비겁하더라도 끝까지 지키고 싶었어요. 정말 팔로우하고 싶은 정치인이 있었는데도 하지 않았어요. 그게 계정 폐쇄를 결심한 이유이기도 해요."

그에게 앞으로의 계획은 단순하다. '내 삶을 사는 것.' 세상일에 아예 등을 돌리겠다는 뜻이 아니라, 내 삶을 꾸리다가 언제든 목소리를 내야 할 일이 있으면 주저 없이 정치적 입장을 표명하겠다는 태도다.

"그냥 이대로 제 삶을 사는 거예요. 사실 저는 정치가 대단한 거라고 생각하지 않아요. 그냥 제 타임라인 안에 늘 있습니다. 소식 잘 듣고, 제가 하고 싶은 대로 살고, 제 삶을 지키려고 노력하는 것 자체가 정치더라고요. '응원봉 연대'도 사실은 제 삶을 살다가 충격을 받고 트친이랑 같이 '그럼 우리 깃발 들고 나가자'라고 했던 게 시작이었어요. 그렇게 인터넷에서 만난 모르는 사람들이랑 삶을 함께 영위하다 보니 '우리 그럼 같이 나가요'가 되었고, 그러면서 점점 몸집이 커진 거예요."

응원봉 연대 활동을 계기로 "광장을 열린 마음으로 바라보게 되었다"는 그가 마지막으로 전한 이야기는 다음과 같다.

"깃발 들고 나간다고 하니까 처음에 저희 부모님도 많이 걱정했거든요. 그때 부모님한테 했던 말이 '이런 건 창피한 게 아니다. 내 주변 사람들을 지키러 나가는 거다'였어요. 주변 지인들 가운데 자기는 (광장에) 나가지 못한다는 얘길 하면서 '너 되게 대단하다'며 죄책감을 털어놓는 사람도 있었는데요. 저도 1월부터는 광장에 잘 못 나갔는데, 저는 온라인도 커다란 광장이라고 보거든요. 온라인 광장에서 그 의제에 관심을 가져준 것만으로도 굉장한 일이라고 생각합니다. 이 글을 읽는 분들께도 감사하다는 말씀을 드리고 싶어요."

'말벌 동지'가 된 동덕여대 졸업생
_97년생 김강리

    2016년 촛불집회에 앞서 그해 8월 이화여대에서는 미래라이프 단과대학 신설에 반대하는 학생들의 투쟁이 있었다. 직장인 대상 평생교육 사업인 미래라이프 단과대학을 두고 학생들은 "학위 장사"라며 농성에 돌입했고, 진압을 위해 학내에 들어온 경찰과 대치하는 과정에서 '다시 만난 세계'를 부르며 맞섰다. 윤석열 퇴진 광장에서 울려 퍼졌던 바로 그 노래다. 이화여대 학생들의 86일간의 농성은 총장 퇴진에 이어 정유라의 부정 입학과 특혜를 파헤치고 최순실 국정농단의 실체를 드러내는 것으로 이어졌다. 이 투쟁은 시민혁명으로 불린 촛불집회의 발화점이었다*는 평가를 받는다.

    윤석열 퇴진 광장이 본격적으로 열리기 직전인 2024년 11월, 동덕여대의 공학 전환 반대 투쟁에 대해서도 비슷한 분

---

*   김홍미리, 「촛불광장과 적폐의 여성화: 촛불이 만든 것과 만들어가는 것들」, 《시민과 세계》, 2017년 상반기호, 140쪽

노조하는 페미니스트 김강리.

석들이 나왔다. '탄핵 광장 이전에는 여대 시위가 있었다.' 나 또한 비슷한 내용의 기사를 썼다. SNS뿐 아니라 여러 언론사에서도 비슷한 논조의 기사를 냈다. 동덕여대 대본부 투쟁을 계기로 형성된 여성들의 연대와 결집이 윤석열 탄핵 광장에서 힘을 발휘했다는 의견이다.

이후 123일 동안 진행된 탄핵 광장에서 동덕여대는 여성 연대의 주요한 축이자 '말벌 동지'들의 구심점 역할을 했다. 나는 동덕여대와 깊이 연루된, 동덕여대의 당사자적 정체성을 가지고 '말벌 동지'가 된 이를 찾아 헤맸고, 그 와중에 '민주 동덕' 집회에서 연대 발언에 나선 강리를 봤다. 그는 동덕여대 졸업생연대 활동가, 전국대학원생노동조합 수석부지부장, 독립큐레이터이자 비평가, 대학원생(이화여대 예술학 석사 수료)이라는 다양한 직함과 더불어 내란 국면의 크고 작은 집회에서 총 14회의 발언을 한 '말벌 동지'다.

2025년 4월 18일 서울 강서구 등촌동 전국공공운수사회서비스노조(공공운수노조) 건물에서 노조 조끼를 입은 그를 만났다. 공공운수노조는 대학원생노조의 상급 단체다.

"'전국대학원생노동조합 수석부지부장 김강리입니다'라고 소개할 때가 많은데요. 이번 광장에서는 '동덕여대 졸업생'이라고 소개할 일들이 조금 많았고요. 최근에는 '노조하는 페미니스트'라고 많이 이야기합니다."

그날 나는 가족도 설득하지 못했다

계엄의 밤 당시 강리는 서울 영등포구에 있는 집에 있었다. 그날은 자신이 운영하는 전시 공간의 사업 결산 발표가 있는 날이었다. 그는 발표를 마치고 나서 팀원 중 한 사람의 생일을 축하하고 집에 들어온 길이었다.

"씻고 막 누운 참이었는데, (뉴스를) 거의 뜨자마자 봤던 것 같아요. '이게 뭐지?' 처음에는 너무 황당해서 현실감이 없었어요. 저는 노조에도 소속돼 있고, 정당 활동도 하고, CMS(정기 후원)만 해도 꽤 여러 군데 하고 있거든요. 그러다 보니 갑자기 '우다다다' 문자들이 오기 시작하는 거예요. '지금 당장 여의도로 와주십시오' 하는. 그런데 그 상황에서는 결국 여의도로 향하지 못했었어요. 다시 나가려고 채비하는데 '도대체 어디를 가려고 하냐'는 어머니의 물음에 너무 솔직하게 대답해버린 바람에…."

어머니는 아예 그의 옆에서 팔짱을 끼고 밖으로 나가지 못하게 했다. 결국 모녀가 같이 거실에 앉아 새벽 내내 뉴스를 봤다. 이후 여의도나 광화문, 남태령 등에서 열린 집회에 나온 이들 가운데는 계엄 당일 국회로 가지 못한 데 대한 '부채감'을 언급하는 이들이 많다. 그러나 이날 강리가 느낀 감정은 부채감과는 사뭇 다른 것이었다.

"그 자리에 갔던 사람들에 대한 부채감보다도 내가 왜 그 자리에 가야만 하는지 내 가족조차 설득하지 못한 모습을 보면서…. 어머니랑 팔짱을 끼고 앉아 뉴스를 보면서 '왜 나는 가족도 설득하지 못했을까' 생각했어요."

이후로 123일이 지나 대통령 윤석열이 파면되던 날, 강리는 어느덧 거리 위가 더 익숙한 사람이 돼 있었다. 서울 안국역 앞 광장에서 노조 조합원들과 같이 철야를 한 끝에 비상행동의 생중계를 지켜보던 오전이었다. 문형배 헌법재판소장 권한대행의 입에서 "주문, 피청구인 대통령 윤석열을 파면한다"라는 말이 흘러나왔을 때, 사람들이 안도의 한숨과 환호와 눈물을 쏟아내던 그 시각, 강리가 느낀 감정은 '우려'에 가까웠다.

"솔직히 저는 굉장히 우려스러웠어요. '8대 0'이라는 결정이 나긴 했지만, 판결문(결정문)의 일부 내용에는 전혀 설득되지 않았거든요. 오히려 '8대 0'이라는 결과 때문에 사람들이 '이제 끝났다', '법치주의는 무너지지 않았다'며 안심하는 분위기가 더 걱정스러웠어요. 제게는 이미 법치주의가 무너진 것처럼 느껴졌으니까요. 1987년 이후의 헌법 질서를 근본적으로 갱신해야 할 때라는 생각도 강했고요. 물론 하나의 장면만 부각되는 게 어쩔 수 없다는 건 알지만, '아직 우리의 싸움은 끝나지 않았는데, 다들 모든 것이 끝난 것처럼 안심하는 게 왜 이렇게 내 마음을 힘들게 하지' 싶은 거예요."

내가 다시 광장에 서는 이유

지난 2월 9일, 안국역 동덕빌딩 앞에서 열린 '민주동덕에 봄은 오는가' 집회에서 강리를 처음 봤다. 발언대에 오른 그는 자신을 "단 한 번도 대학 본부를 이겨본 적 없는 졸업생"이라고 표현했다.

그는 동덕여대 큐레이터학과 17학번이다. 여성학을 전공할 생각으로 동덕여대에 입학했는데, 입학 후에야 여성학 전공이 폐지됐다는 사실을 알았다(복수전공, 부전공으로만 진입이 가능하던 동덕여대 여성학 전공은 2015년 폐지됐다). '페미니즘 리부트'의 한복판에서 대학생이 된 그는 2019년 학내 여성학 동아리 WTF(What the Feminism)의 대표를 지냈고, 같은 해 설립된 학내 학생자치기구인 성인권위원회가 활동을 시작할 때부터 2022년 해단에 이르기까지 모든 과정에 관여했다.

강리는 일련의 활동을 늘 '대학 내 여성운동'이라고 생각했다. 그러다 지난해 '학생운동'이라는 라벨링을 듣고 나서야 '내가 했던 게 학생운동이었구나'라고 자각했다고 한다. 앞서 재정과의 인터뷰에서 내가 교내 시설노동자와의 연대, 학교의 구조조정에 맞선 역사 등은 '학생운동'이라 말하고, 학과에 페미니즘 소모임을 만들어 학내 성차별·성폭력을 가시화하는 활동은 '여성운동'이라고 자연스레 구분했던 것이 생각났다. 생각해보면 젠더는 늘 첨예한 정치의 영역이므로 학내 여성운동은 곧 학생운동일 수밖에 없는데 말이다.

강리가 학교를 졸업한 지금도 '조력자'의 역할로 동덕여대의 공학 전환 반대 투쟁에 참여할 수밖에 없었던 데는 지난한 역사가 있다. 그는 학부 시절 자신이 벌였던 학생운동에 대해 '실패'의 기억을 안고 있었다.

"저는 동덕여대 안에서 제 스스로 '학생 사회를 꾸리는 일원'으로 여기며 학교를 다녔고, 소위 말해 '실패했다'고 생각해요. 사실 이번에도 남녀공학 전환 이야기가 다시 나온 게 친자본적이고 반여성적인 일관된 기조 안에 있다고 느꼈거든요. '그때 잘 싸우지 못했다', '계속 싸움을 이어갈 사람들을 만들어내지 못했다'는 자책감이 들었어요. 예전에도 학생들이 비리 사학 재단에 문제를 제기하거나 '학생 참여를 보장하라'며 점거 농성을 벌이는 일은 반복되어 왔었는데요. 이번에도 그런 장면이 또 되풀이된다면 그건 좀 부끄러운 일이 아닐까 하는 생각이 들었어요."

2017년 입학 이후, 그가 경험한 학교 본부의 '친자본적이고 반여성적인 기조'는 한두 개가 아니었다. 2018년 3월, 문예창작학과 하일지 교수의 성폭력 사건이 폭로됐고, 같은 해 10월에는 학교에 무단 침입한 20대 남성이 자신의 나체 사진을 촬영해 소셜미디어에 올린 이른바 '알몸남 사건'이 터졌다. 학생들이 보안 강화를 요구하며 단체활동을 벌일 때까지 학교 측은

민주동덕에도 봄은 오는가.

묵묵부답으로 일관했다. 동덕여대 학생들은 불통의 대학 본부에 대항해 지난 11년간 총 아홉 번의 학생총회를 성사시키며 싸움을 이어갔다.

지난해 11월 불거진 공학 전환 논의에 학생들이 강력히 반발한 데는 그동안 축적돼온 학교 본부의 비민주적 행태에 대한 반작용이 깔려 있다. 강리와의 인터뷰 이후 동덕여대는 본관을 점거했던 학생들에 대한 형사 고소를 6개월 만에 취하했다. 그러나 '공학전환공론화위원회를 구성해 운영하겠다'는 계획을 밝히며 공학 전환에 대한 의지를 거두지 않았다.[*]

강리는 학교 측이 공학 전환 논의를 계속 이어가는 것이 전혀 놀랍지 않다고 말한다.

"대학 본부가 이렇게 나올 걸 예상 못 한 건 아니에요. 설령 지금 당장 철회 입장을 낸다 해도 2~3년 뒤에는 다시 추진할 걸요? 그래서 이 문제는 단순히 공학 전환을 반대하는 데 그쳐선 안 되고, 대학 거버넌스를 근본적으로 어떻게 바꿀 것인가로 이어져야 한다고 생각합니다. 학생들이 학교 운영에 어떻게 참여할 수 있을지 논의하는 것이 중요한데, 그런 논의들이 이제 막 학생 사회 안에서 만들어지고 있다고 느낍니다."

---

[*] https://www.dongduk.ac.kr/www/contents/kor-noti.do?schM=view&page=4&viewCount=10&id=90019&schBdcode=&schGroupCode=&etc1=8775

탄핵 이전에 여대 시위가 있었다?

앞서 말했던 것처럼 2016년의 이화여대와 2024년의 동덕여대를 평행 이론처럼 바라보는 시각들이 있다. 2016년 이화여대 미래라이프 사태는 이화여대가 교육부의 평생교육 단과대학 지원사업에 선정되며 직장인 대상의 미디어산업전공, 웰니스산업전공이 포함된 단과대 신설을 추진하는 과정에서 불거졌다. 이에 학생들은 "사실상의 학위 장사"라며 격렬히 반대했고, 본관을 점거하여 86일간 농성을 이어갔다. 당시 이화여대 학생들은 마스크로 얼굴을 가린 채 철저히 익명성에 기댄 시위를 벌였다. 운동권을 배제하고, 외부 연대를 거부했으며, '순수한 학내 투쟁'의 문제로 접근했다. 얼굴이 노출됨으로써 겪을지도 모를 위협을 없애는 한편으로 진영 논리에 얽히거나 정치색을 띠는 것을 극도로 경계한 것이다. 이를 이현재 서울시립대 도시인문학연구소 교수는 '탈연대의 연대, 탈정치의 정치'라고 보았다.[*]

그런데 '탄핵 광장 이전에 여대 시위가 있었다'는 분석에 대해 강리는 분노를 표했다. 그는 이화여대와 동덕여대의 투쟁이 내용과 형식 면에서 크게 다르기에 이를 등치시키는 것은 일종의 '밈(meme)적 사고'라고 지적했다.

---

[*] 이현재, 「86일 간의 농성, 이화인을 변이시키다」, 《문화과학》 2016 겨울호, 233~238쪽.

"미래라이프 사태는 이후 박근혜 탄핵 광장까지 이어지며 재의미화되긴 했지만, 이화여대는 '제1여대'라는 기표 때문에 폐쇄성을 안고 갈 수밖에 없었어요. 외부와의 연결이 '닫힌 상태'에서 투쟁이 이루어질 수밖에 없었던 거예요. 그 과정에서 '꿘충(운동권에 관한 멸칭) 아웃' 같은 멸칭이나 외부 연대, 외연 확장을 배제하는 기조가 형성되었다고 생각해요. 동덕여대와 이화여대는 맥락이 크게 달랐지만, 많은 이들이 일종의 밈적 사고에 기대어 두 사건을 등치시킨 측면이 있었어요."

또한 그는 '소멸할지언정 개방하지 않는다'는 동덕여대의 구호를 두고 '숙명여대 사건'(숙명여대의 트랜스젠더 여성 합격자가 학생 사회의 환영과 반대 움직임 속 결국 입학을 취소했던 일)을 떠올리며 분리주의적 행보로 지레짐작하는 일이 부당하다고 비판했다.

"그 사건은 개인을 향한 불행이었기에 문제의 본질이 다르다고 생각해요. 대본부 투쟁이었던 것도 아니고, 당시 숙명여대 내부에서도 많은 학생이 입학 지지 성명을 냈어요. 반대 자보를 낸 이들보다 훨씬 많았어요. 그럼에도 온라인 혐오 선동 속에서 종결되고 말았는데요. 그것을 동덕여대 대본부 투쟁과 연결시키면서 이야기하는 건 문제적이라고 생각합니다.

사실 이화여대와 숙명여대는 한국에서 여자 대학을 상징하는 기표를 갖는 학교잖아요. 그런 만큼 이 두 학교가 만들어온

'여자 대학 학생운동'의 이미지가 너무 강해서 지난해 11월의 동덕여대 사태를 설명하는 데 큰 걸림돌이 되기도 했어요.

아까 말씀드린 것처럼 동덕여대는 11년 동안 9건의 학생총회를 성사시킬 정도로 학생 자치가 굉장히 활성화되어 있는 공간이에요. 2010년대 대학 사회에 퍼졌던 '운동권 배제'나 '운동권 차별'이 전혀 없었다고는 말할 수 없지만, 그럼에도 불구하고 학생 사회를 이끌어갈 사람들을 계속 길러낸 학교였거든요. 그런데 그런 학교를 향해 '너희도 당연히 꿘충 아웃 할 거야', '무조건 분리주의의 전술·전술을 취할 거야'라고 예단한 다음 이들을 공격 대상으로 삼는 분위기…. 저는 투쟁 초반부터 그런 낙인 속에 누구의 호응도 얻지 못한 상태에서 시작했다고 느꼈어요."

또 한 명의 동덕여대 졸업생연대 활동가인 소양은 《페미니스트 연구웹진 포워드(Fwd)》에 이렇게 적었다. "'같은' 여대의 대규모 시위와 비교했던 데에는 동덕여대 시위의 중요성을 인정하고 지지하려는 의도가 있었을 것이다. 그러나 동덕여대 시위가 지닌 쟁점이 더 많이 알려져야 했던 시점에 이화여대의 이름이 더 자주 호출된 것은 동덕여대 시위의 맥락을 가리기도 했고 동덕여대 시위에 대한 오해를 불러일으키기도 했다."* 이화여대 미래라이프 대학 설립 반대 시위, 숙명여대 트랜스젠더 학생 입학 철회 사태 등 서로 다른 맥락을 가진 사건들이 '여자대학'에 대한 선입견을 안은 채 일반화되었다는 뜻이었다. 강리가 내게 전한 이야기와도 비슷한 맥락이었다. 과거와 현재 사례에 비춰 도식적인 '평행 이론'을 꺼내기에 앞서 각 사례의 개별성에 집중하는 동시에 당사자의 말을 먼저 경청했어야 한다는 생각이 들었다.

동덕여대 학생들이 '말벌 동지'가 된 까닭

2024년 12월 21~22일 경찰 차벽에 맞서 승전보를 울린 '남태령 대첩' 이후 사회적 약자들의 투쟁 현장이면 어디든 달려가 연대하는 이들이 생겨났다. 이들을 '말벌 동지'라 부른다. TV 프로그램 〈나는 자연인이다〉에서 꿀벌을 지키려 있는 힘껏 달려와 말벌을 쫓던 '말벌 아저씨' 밈에서 유래한 용어다. 남태령 이후 동덕여대 집회는 말벌 동지들이 향하는 주요 투쟁 현장 중 하나가 됐다. 자연스레 '솜솜이들'(동덕여대의 교화인 목화꽃을 모티브로 한 공식 캐릭터로, 학생들을 일컫는 말로도

---

* 소양, 「'동덕여대'라는 이름으로: 공학 전환 반대 시위로 시작된 동덕여대 학생들의 투쟁에 부쳐 2」, 《페미니스트 연구 웹진 Fwd》, 2025/1/22. https://fwdfeminist.com/2025/01/22/con-49/

쓰인다)도 말벌 동지의 일원이 됐다.

동덕여대 비상대책위원회 집행위원장인 박수빈 씨는 투쟁 초창기 학내외의 위협 속에서 고립을 선택했던 동덕여대가 내란 국면 이후 광장이 열리면서 점차 변해갈 수 있었다고 말한다. 시민들이 '학내 민주화'와 '대한민국의 내란 종식'을 하나의 흐름으로 인식하기 시작했다는 것이다. 계엄 사태 이후 크고 작은 광장마다 '민주 동덕'의 깃발이 나부꼈고, 이는 동덕여대 학생들 역시 그 흐름의 주체였음을 보여준다.[*]

강리도 마찬가지였다. 동덕여대의 이름으로 각 현장에서 분투하고 있는 약자들과 연대하게 된 것이야말로 동덕여대의 민주화 투쟁이 탄핵 광장에 미친 영향이라 보았다. 그 가운데서도 전국장애인차별철폐연대(전장연), 전국금속노동조합 거제·통영·고성 조선하청지회(거통고), 세종호텔의 해고노동자들에게 강리는 감사함을 표했다.

"지난해 12월 25일 전장연에서 탈시설 장애인 이야기 마당 행사를 할 때 참여한 학생들이 처음으로 '저는 동덕여대 재학생입니다'라고 밝혔어요. 그때 박경석 전장연 대표가 '동덕여대는 지금 어떤 상황입니까' 물어보셨어요. '곧 혜화 캠퍼스 앞에서 집회를 앞두고 있습니다'라고 답하니까 '그러면 저희도 그

---

[*] 이유정 외 8명, '민주 동덕에 봄은 온다', 『이토록 평범한 내가 광장의 빛을 만들 때까지』, 롤링다이스, 2025, 162쪽.

날 출근길 시위를 하니 끝나고 가겠습니다'라고 했고요. 그날 정말 와주셨어요. 저는 그때부터가 '시작'이라고 느낍니다.

다음으로 세종호텔 허지희 동지가 자신이 지금까지 싸워왔던 세종호텔 재단의 모습과 동덕여대가 유사한 것 같다고 이야기하시면서 발언문을 보내주셨고요. 거통고의 김형수 동지는 지난 3월 동덕여대 집회에서 거통고지회가 낸 연대 성명문을 낭독해주셨죠. '옵티칼'(한국옵티칼하이테크 해고노동자)에서, 혹은 또 다른 노조, 시민단체에서 동시다발적인 호응을 얻을 수 있었던 게 제게는 처음과는 다른 형태로 이 국면들을 만들어나갈 수 있겠다는 생각을 하게 만든 장면들이었어요."

그는 거창한 무언가가 아닌, 현장에 직접 가서 투쟁하는 이들을 만나 우리만 싸우는 게 아님을, 우리의 싸움들이 비슷한 모습을 가지고 있음을 이야기하고 공유하는 '정서적 공감대'를 짚었다. 이 풍경이야말로 '윤석열 탄핵 광장을 2016년과는 다른 모습으로 상상하게 한 가장 큰 포인트'였다.

그런 그에게 내란 사태 속 광장에서 가장 기억에 남는 건 "깃발과 응원봉보다 핫팩과 은박 담요"였다. 남태령과 한강진에서 보낸 철야의 기억이 그 시초다. 주머니에서 끝도 없이 나오던 핫팩과 보조 배터리, 그리고 담요. 돌아가며 서로의 끼니와 체온을 살피던 순간들.

농민들의 트랙터 행진이 경찰 차벽에 가로막힌 남태령에서

강리는 또 다른 분투를 벌이고 있었다. 남태령에 도착하자마자 그는 민주노총 소속 파리바게뜨 지회가 경찰에게 깃발을 빼앗기는 장면을 목격했다. 당시 SNS에서는 '경찰 프락치설'이 대두되며 "경찰들이 일부러 프락치를 심어 놓으니 충돌이 있을 때 돕지 마라" 같은 얘기들이 돌고 있었다. 그는 불같이 화를 내며 SNS에 "길을 열 때만 동지고, 경찰에게 연행될 땐 동지가 아닌가요?"라는 글을 썼다.

"또 조금 더 시간이 지나니까 '페미 스피커'라 구분 지어지는 사람들이 '여자들아, 그 자리에 가지 마라. 화력을 분산시키지 마라'고 하면서 계속 글을 쓰더라고요. 사실 그날 밤이 제게는 기억 투쟁을 하는 순간들이었기 때문에…. 이 순간들을 어떻게 남겨야 할 것인가를 계속 생각하고 있었기에 되게 '치열했다'고 느껴요. 이 공간에 일종의 배제가 있었다는 걸 남겨야 된다, 이 자리에 누가 가야 한다고 했으며 또 다른 누군가는 오지 말라고 했다는 것을 남겨야 한다고 생각했어요."

'기억 투쟁'을 벌이느라 치열했던 그 밤을 보내고 집으로 돌아와서야 그는 밤을 버티게 해준, 끝도 없이 나오는 돌봄의 흔적들을 확인했다.

"주머니에서 핫팩이 계속 나오고…. 당시 저는 인권운동네트워크 바람의 명숙 님과 그 자리에 함께 있었는데요. 명숙 님이 덮어주신 담요에…. 제가 휴대폰 배터리가 없다고 그러니까 보조 배터리 본인 것을 쥐여주셨어요. 씻으러 들어가려고 옷을 주섬주섬 벗고 있는데 양말 위에는 핫팩들이 붙어 있었고요. 등에서도 핫팩이 그냥 뚝 떨어지고 막 이러니까, '그랬지. 그 시간들이 따뜻했구나' 하는 걸 사실 집에 와서 절감했어요."

윤석열의 체포를 촉구하던 한강진에서 돌아가며 철야했던 기억들도 뇌리에 생생하다. 핫팩과 깔판, 담요를 챙겨 넣은 엄청나게 큰 가방, 서로의 허기를 걱정하며 에너지바를 나눠주던 풍경, 조를 짜서 돌아가며 밥을 먹고 오던 모습 등등.

"내 것뿐만이 아니라 옆 사람까지 챙긴다는 것은 어떠한 책임감을 나에게 주고, 책임감의 확대 속에서 우리가 어떻게 윤리적 감각들을 되살릴 수 있는지, 감각적인 차원에서 느낄 수 있었던 게 이번 광장이라는 생각이 듭니다."

나의 참여로 그 공간이 안전하기를

'말벌 동지'라는 말이 있기 전부터 그는 말벌이었다. 2015년 세월호 참사 1주기 당시에도 광화문 광장에 나갔고, 2022년 SPC의 부당노동행위를 규탄하는 집회에도 있었다.

그가 최초로 분노한 사회 문제는 2009년의 용산 참사다. 서울 용산구 한강로2가 남일당 건물에서 재개발 보상 문제로 농성 중이던 철거민들을 경찰이 과잉 진압하다 화재가 발생해 철거민 5명과 경찰 1명이 사망한 그날의 일을 초등학교 5학년이던 강리는 TV 뉴스로 지켜봤다. 그 '감당할 수 없는 이미지'들은 어린 강리에게 의문으로 남았다. '왜 사람들이 옥상에 올라가 있고, 왜 경찰이 사람을 때리지?'

고등학교 1학년이던 2014년에 발생한 세월호 참사는 국가폭력에 대한 의문이 구체화되던 순간이었다.

"모두가 그렇겠지만, 저에게도 그날의 기억이 생생해요. 시험 일주일 전이라 열심히 공부하고 있었는데, 한 친구가 수업 도중에 갑자기 일어나더니 '배가 침몰했대'라고 소리쳤어요. 그런데 선생님은 '그거 다 구조됐다. 공부합시다'라고 말하면서 그 친구를 앉히고는 수업을 이어갔어요. 그래서 저는 해결됐겠거니 하고, 밤 11시까지 야자를 한 다음 버스를 탔는데… 제가 어떤 자리에 앉았는지도 정확히 기억나요. 버스 안 왼쪽 줄, 앞에서 두 번째 자리에 앉았어요. TV 화면이 보이는 자리요. 거기 배가 침몰하고 있는 장면과 함께 옆에 '구조자', '생존자' 이렇게 숫자가 써 있는 거예요. 너무 충격적이었어요. 나는 '해결됐다'고 생각했는데 '내가 관심을 놓친 사이에 정말 많은 사람이 죽어가고 있었구나' 하는 생각이 들더라고요. 그다음 해부터 청소년 인권 동아리에서 활동을 시작했어요."

강리에게 국가폭력에 관한 기억은 꼬리에 꼬리를 무는 장면들에 가깝다. 고등학교 3학년, 친구와 함께 광화문 교보문고에 들렀다가 '세월호 기억의 집'과 마주했다.

"그 자리에 앉아서 친구랑 유족분들이랑 같이 노란 리본을 군번줄에 끼우는 걸 몇 개 하고 배지를 받아서 집으로 갔어요. 그날 저녁 먹고 트위터를 켰는데 백남기 농민이 물대포를 맞는 장면이 올라오는 거예요. 지금의 광장을 보면서 저는 '그 공간이 안전해서 내가 집회에 나가는 게 아니라, 내가 가서 안전해졌으면 좋겠어서 간다'라는 말을 많이 하는데요. 저의 어떤 개인적인 계기들이 있었어요."

관점으로서의 '여성'과 '논바이너리'

남태령 집회에서 "우리 딸들 수고했다"라는 어느 농민의 말에 '논바이너리'(여성·남성으로 구분된 이분법적인 성별정체성에서 벗어난 정체성을 가진 사람들)라는 정체성을 설명하자 "그렇구나. 알아두겠다"라고 답했다는 일화는 어느덧 유명하다. 윤석열 퇴진 광장에서는 수많은 성소수자가 시민 발언에 나섰고 자신들의 성 정체성을 깃발에 새겼다. 그 가운데는 자신을 '논바이너리'로 호명하는 이가 특히 많았다. 자신을 '논바이너리 페미니스트'라고 말하는 강리는 '내란 극복과 민주주의 회복을 위한 3·8 여성 1만인 선언'의 최초 제안자 중 한 명이기도 하다. 그에게 '논바이너리' 또는 '여성'이라는 발화는 정체성이 아닌 관점의 세계다.

"이번 광장에서는 '여성'이라고 호명되었을 때 일종의 피해자 의식을 강화하는 형태로, 전체 운동이 아니라 부문 운동으로 남게 될 것에 대한 우려들이 있었어요. 저는 페미니스트로서 성별 이분법적으로 구축된 세계를 다시 쓰는 작업부터 해야 된다고 느꼈기에 '논바이너리'라는 이야기를 조금 더 크게 하고 다녔습니다. 저는 여성으로서의 경험을 지닌 논바이너리인 거예요."

그래서 그는 누군가의 '논바이너리'라는 말에 "알아두겠다"는 답변, 그 너머를 꿈꾼다.

"우리가 반자본주의에 대한 노동 운동을 한다고 했을 때는 그 사람의 관점을 '세계를 바꾸는 것'이라 생각하잖아요. 근데 '여성운동을 하는 페미니스트'라고 했을 때는 그걸 나의 정체성 문제만으로 봐요. 페미니스트로서 내가 세상을 어떻게 바꾸겠다는 개입과 기획의 지점들을 보여주는 정치적인 수사인 데도요. 저는 이것이 전체 운동과 부문 운동을 분리하려고 했던, 기존 사회운동에서의 가부장적인 모습들 속에서 생겨난 것이라고 느껴요."

정치를 두려워하지 않으려면

강리는 광장 그 이후를 적극적으로 모색하는 사람이다. 동덕여대 졸업 직후에는 정의당에 가입했다. 늘 고립이 뒤따르는 분리주의 전략·전술에 대항해 외연을 어떻게 확장할지 고민하던 학생운동의 연장선에서 벌인 일이었다.

"우리가 '어떠한 자원을 어떻게 분배할 것인가' 하는 문제는 정치의 영역에서 결정되고 그것에 적극적으로 개입하지 않으면 불가능하다고 느꼈기에 지금도 소속되어 있어요."

윤석열 퇴진 광장에서 노조 가입이나 시민단체 후원이 줄을 이뤘다. 강리가 수석부지부장으로 있는 대학원생노조도 내란 국면을 거쳐 가입자 수가 2배로 늘었다.

"제가 간부로서 강한 책임감을 느끼는 이유이기도 한데요. 이분들이 대학원생노조에 들어오신 건 단순히 조합원이 되기 위함이라기보다는 일종의 '후원 회원'으로서, 그러니까 '민주노총이 길을 열겠습니다'라는 말에 응답하고 싶은 마음에 가입했다고 생각하거든요. 실제로도 많은 분이 '내가 대학원생이니까'라는 이유로 일반노조의 누구나지회가 아니라 대학원생노조를 선택했다고 말씀해주셨어요.

하지만 저희가 계속 현장에서 만나고 이야기하면서 노동조합이 무엇인지, 민주노총은 지금까지 어떻게 싸워왔는지, 그 사이에서 대학원생노조가 앞으로 해야 할 일은 무엇인지 등등 철야 농성 기간에 많은 이슈를 공유했어요. 이제는 그저 광장에 선 개인이 아니라 이 사회를 바꿔나가는 투쟁의 주체로서 각자의 역할을 찾고 있다고 생각합니다."

그나마도 광장에서는 활발하게 정치적 의사를 피력하다가

일상에 오면 '뚝' 그치는 게 우리 현실이다. 나는 이 같은 광장과 일상의 낙차를 두고 '정치를 사갈시(蛇蝎視·뱀이나 전갈을 보듯이 한다는 뜻으로, 어떤 대상을 몹시 싫어함을 이르는 말)하는 한국 사회 특유의 풍토'[*]라고 썼다. 그런데 인터뷰 준비를 하다 발견한 강리의 글 '왜 학생 사회는 정치를 두려워하는가'[**]를 보고 그게 '사갈시'가 아니라 '두려움'임을 알았다.

대학에서 학생운동을 했을 때부터 늘 정치를 고민하며 산 그에게 '일상에서 정치를 두려워하지 않으며 사는 방안'이란 무엇일까. 그의 대답은 "두려워하지 않을 방법은 없다"였다.

"저희 지도 교수님이 카카오톡 상태 메시지에 해둔 말을 좋아하는데요. '용기는 이겨낸 두려움이 아니라 세계가 행위하는 자와 함께 있다는 직관으로 인해서, 항상 지연되는 두려움이다'라고 써두셨거든요. 두려움을 잠시 미뤄둘 수 있는 게 저는 용기라고 생각하고요. 일상에서도 두려움을 미뤄두기 위해 많이 노력하고 있습니다."

사실 그 두려움은, 실재한다기보다는 '감각'이라는 게 그의 생각이다.

"우리가 차별과 배제를 경험해왔던 순간들은 고차원적이지

---

[*] 이슬기, '호외 이후의 시간', 《미디어오늘》, 2025/4/8.
[**] 김강리, '왜 학생사회는 정치를 두려워하는가', 《서대_moon》, 2024/11/26. https://blog.naver.com/sdm_newsletter/223672838892

않아요. 제가 실제 마주하는 건 바로 옆 사람이 저에게 '너 동덕여대생이야?'라고 물어보는 거거든요. 그 상황에서 두려움을 미룰 수 있게 하는 건 바로 옆에 있는, 최근에는 '동지'라고 많이 쓰고 저는 '친구'라는 단어를 사실은 조금 더 좋아하는데, 그들밖에 없어요. 그래서 저도 혼자 있을 때는 '그렇게 생각하세요?' 하고 넘어가지만, 제 옆자리에 다른 사람이 앉아 있을 때는 그 사람을 지키기 위해서라도 '전선'을 그어요. 옆 사람을 지켜야 하기 때문에라도 '아니요, 그건 틀렸습니다'라고 말해요. 그때 저에게 용기를 주는 사람들이 이제 좀 더 늘어난 거예요. 내가 무엇과 싸워야 하는지 분명해지고, 친구들도 나를 지켜줄 것이라는 강한 신뢰가 생겼어요."

두려움을 뚫고, 내란 국면에서 반대편 광장에 있던 이들과 공존하는 방법은 무엇일까.

"지난해 여름에 제가 만들었던 전시 제목('곁을 공유하는 방법')이기도 한데, 저는 우리가 곁을 공유하는 방법을 이번 광장에서 배웠다고 생각해요. 저 반대쪽에 있는 사람들도 굉장히 거친 이미지이지만, 누군가의 아버지·어머니이고 누군가와 친밀한 관계를 맺고 있는 사람들이잖아요. 지금은 그 친밀함을 나누는 사람들 자리를 '해킹'한 것이 극우 기독교이고, 남성들에게는 남초 커뮤니티인데요. 우리가 그 자리를 어떻게 다시 해킹해서 들어갈 수 있을지 고민하는 것이 중요하다고 생각해요."

설득은 이성적이고 논리적인 언설로 불가한 것이어서 바로 그 지점에서 사람들 마음을 움직이는 '라포'와 '정동'에 그는 관심이 많다. 그래서 예술을 공부하고, 석사 논문 주제로 '정동 이미지'를 선택했다.

'87년 체제'를 뒤엎는 개헌 도모해야

강리는 광장 너머, 6·3 대선을 넘어 대의제에 대한 고민을 이어가는 중이다. 그의 생각에 윤석열 탄핵 광장은 비상행동이 주최한 행진에 '범시민 대행진'이라는 말이 붙은 것처럼, 시민권을 가진 시민으로 곧장 수렴되는 곳이었다. 그러다 보니 시민이 투표로 뽑은 이들이 모인 국회를 어떻게 움직일 것인가 하는 문제가 가장 중요하게 대두됐다.

"그렇다면 저는 다음 국면에서, 양당 체제가 되어버린 이 국회가 우리를 대변할 수 있는지에 대해 도전적인 질문을 하고, 개헌해야 한다고 봐요. 여성과 퀴어의 목소리, 전장연과 거통고와 세종호텔의 동지들이 겪었던 일들을 어떻게 원내에 투입할 것인지에 있어 이것이 중요한 부분이라고 생각합니다. 개헌 논의부터 시작해서, 우리가 어떻게 이 권력을 움직일 수 있을지 활발히 이야기하는 것이 소수자 운동이 시작해야 할 일이라고 생각합니다."

이는 결선투표제 도입이나 국회의원 숫자 300명에 관한 의

문, 선거 때마다 연합정당이 난립하는 현 세태에 관한 질문이자, '87년 체제'를 뒤엎는 수준의 사회 대개혁이라고 그는 부연했다.

강리의 말을 쭉 듣다 보니, 그가 'X'에 남긴 '메인트'(메인 트윗)가 생각났다. "저는 굳셀 강(姜)과 이로울 리(利)로 이루어진 이름을 꽤 좋아합니다. 한 글자는 나를 위해, 한 글자는 친구를 위해 사용할 수 있으면 좋겠습니다." '친구와 함께 이롭게'가 곧 '정치'라는 생각이 들었다.

남태령의 축제 주최자
_88년생 김후주

 남태령의 '벼락 활동가'로 잘 알려진 후주는 윤석열 퇴진 광장에서 가장 눈에 띄는 청년 활동가다. '오병이어의 기적'이라 불렸던 '남태령 대첩' 당시, 나는 현장에 가지 못했다. 뒤늦게나마 집회 참가자 15명을 대상으로 인터뷰를 했을 때 그들은 모두 '향연 님의 트윗'을 보고 남태령에 갔다고 했다. '남태령에 갔던 2030 여성 집회 참가자를 인터뷰하려 한다'는 나의 트윗에는 트위터리안들의 DM이 쏟아졌다. 그들 모두 남태령에 관해 한마디라도 더 하고 싶어 한다는 것을 나는 느낄 수 있었다. 무엇이 그것을 가능케 했을까. 그리고, 사람들을 혹한의 남태령으로 이끈 '향연'은 과연 어떤 사람이었을까.
 나뿐 아니라 많은 언론이 주목해 무수히 많은 인터뷰를 했고, 학술지와 단행본 등 많은 매체에 자신의 글을 남긴 그이지만, 나는 그를 직접 만나 물어보고 싶었고 또 듣고 싶은 이야기가 많았다. 나와 동갑인 후주는 『우리는 우리가 놀랍지 않다』의

인터뷰이 가운데 가장 나이가 많다. 같은 시대를 살아가는 사람으로서, 내가 바라본 광장과 그가 몸으로 겪은 광장이 어떻게 같고 또 어떻게 달랐는지 들어보고 싶었다.

그의 본명보다 더 익숙한 'X' 닉네임 '향연'은 우리가 알고 있는 '심포지엄'(symposion)에서 따온 것이다. 애초 '향연'은 '먹고 마시는 축제'를 가리킨다. 고대 그리스의 철학자 플라톤의 주요 저작 중 하나인 『향연』은 소크라테스를 비롯한 총 8명의 인물이 등장해 에로스(사랑)에 관한 연설을 펼치는 이야기다. 철학도였던 후주의 정체성이 스며든 이름인 한편 남태령에서 열린 축제 주최자로서 그날 농민과 청년 여성, 퀴어들의 만남을 이끌어낸 사람의 이름으로 참 잘 어울린다는 생각이 들었다.

이후로 그는 동덕여대 공학 전환 반대 집회, 학내 성폭력 사건 공익 제보자인 지혜복 교사의 투쟁 현장, 세종호텔 해고노동자의 고공 농성장, 전장연 '다이인'(Die-in·죽은 것처럼 드러눕는 시위) 집회 등 내란 국면의 광장 이곳저곳에서 '남태령'이라 적힌 깃발과 함께 나타났다. 본업은 널리 알려졌듯, 충남 아산에서 유기농 배 농사를 짓는 농업인이다. 후주를 4월 21일 서울 은평구 신사동의 한 카페에서 만났다.

"충남 아산에서 유기농 배 과수원을 운영하는 청년 여성 농업인 김후주입니다. 트위터의 '향연'으로서 남태령과 전봉준투

말벌 동지이자 청년 여성 농업인 김후주(ⓒ'말벌 동지' 투쟁 기수).

쟁단의 투쟁 소식을 알리고, 광장의 소식을 전달하는 역할을 하고 있습니다."

발포가 있을까 두려웠던 밤

계엄이 선포되던 날 밤, 후주는 평소처럼 집에서 시간을 보내고 있었다. 차를 한 잔 마시면서 유튜브를 보던 중이었다. '계엄'이라는 친구 얘기에 'X'에 들어갔더니 다들 '갈고리'(물음표)를 올리고 있었다. 이어지는 속보에도 '설마' 하던 후주는 이어 오마이TV와 MBC뉴스, 당시 이재명 더불어민주당 대표의 유튜브 라이브를 보면서 소름이 돋았다.

"정말로 계엄이 확실해졌다고 느낀 순간, 온몸에 소름이 돋았어요. 근데 라이브를 보면서도 사실 잘 안 믿기긴 했어요. 제가 농어민위원회(그는 더불어민주당 농어민위원회 부위원장이다)에서 활동하잖아요. 계엄 다음 날이 농정전환실천네트워크* 라고…. 농정넷의 연말 총회가 국회에서 잡혀 있었거든요. 그래서 다음 날 국회에 갈 생각이었는데, 너무 당황스러워서…."

마침 민주당에서 '국회로 와주십시오'라는 문자 메시지가 일괄 발송되었다. 후주는 '가야겠다'고 생각했지만, 동거인의 만류로 결국 움직이지는 못했다. 그러나 그날 화면을 통해 목격

---

*   농정 대전환을 위한 정책 대응과 다양한 정치활동을 모색하는 농민 단체.

한 장면은 지금까지도 잊히지 않는다.

"헬기에서 군인들이 막 내려올 때, 저는 정말 발포가 일어날까 봐 두려웠어요. 꽤 많은 국회의원이 그 안에 모여 있었잖아요. 그런데 군인들이 실제로 총기를 차고 국회에 들어가는 거예요. 그걸 보고 존경하는 은사님께 전화를 걸어서 '선생님 어떡해요?' 했더니, 그분이 '아이고, 후주야. 이거 까딱하면은 지금 다 무장하고 내려온 거 보니까 진짜 쏠 수도 있겠다' 이런 얘기를 하시더라고요. 장갑차가 움직이고, 헬기가 계속 내려오고…. 그런 걸 보면서 너무 불안했어요. 거기 달려간 시민들이 다칠까 봐 걱정됐고요. 그래서 차를 타고 가려고 했는데 같이 사는 친구가 너무 말려서…. 그게 약간 아쉬워요. 지금도 그냥 갈 걸 그랬다는 생각이 자꾸 들어요."

국가폭력에 처음 맞서는 이들의 '순도 100%의 화'

2024년 12월 21일, 서울 관악구와 서초구, 경기 과천의 경계이자 서울의 관문인 남태령. 이곳에 전국에서 올라온 농민 트랙터와 화물차 약 80대가 경찰 저지선에 막혀 멈춰 섰다. 전국농민회총연맹(전농), 전국여성농민회총연합(전여농)이 조직한 '전봉준투쟁단'이 윤석열 체포를 촉구하는 집회에 참여하기 위해 상경하던 길이었다. 이들이 고립됐다는 소식이 'X'에 퍼지자 청년들이 하나둘 모여들었고, 무박 2일간의 대치 끝에 트랙터는 끝내 차벽을 뚫고 한남동 대통령 관저까지 행진했다. 이 역사적인 트랙터 행진의 물꼬를 튼 이가 바로 후주다. 그는 'X'를 통해 농민들의 '상여 투쟁'을 제안하고, 트랙터가 막혔다는 소식을 실시간으로 전하며 사람들을 불러모았다.

"국민의힘 장례식처럼 근조 화환이 시위의 도구로 유행하던 시기였어요. 그걸 보면서 '그러면 농민 운동하시는 분들은 상여를 들고 나가야 한다'는 생각이 들었어요. 사람들이 뜨거워져 있었고, 사회적 이슈에 귀를 기울이던 시점이었으니까요. 선결제에 대한 불신이 생기면서 '먹튀', '재고 폐기' 같은 논란이 터지던 때였고, 각계 투쟁 단위에 자발적 후원이 몰리는 시점이기도 했어요. 그렇다면 전농도 한번 후원을 받아보는 게 어떨까…"

그가 상여 투쟁을 기획하기까지 세세한 과정은 그가 공저자로 참여한 책 『다시 만날 세계에서』에 자세히 실려 있다. '농민들의 상여 투쟁' 아이디어는 단순한 상징적 퍼포먼스를 넘어 농민 당사자이자 그 누구보다 광장의 역동을 눈으로 열심히 좇은 이만이 낼 수 있는 전략적 발상이었다. 그리고 후주는 아이디어를 실현할 수 있는 베테랑 트위터리안이자 폭넓은 인적 네트워크를 가진 기획자였다.

그는 'X'에 전농이 상여 투쟁을 하면 좋겠다는 글에 이어 후원 계좌를 공유했다. 반응은 폭발적이었다. 이어 전봉준투쟁단의 한 선배에게 직접 상여 투쟁을 제안했다. 10년 차 여성 농업인으로서 오랜 기간 농촌의 크고 작은 의제에 목소리를 내왔던 그는 민주당 농어민위원회 부위원장직을 연임하며 쌓은 인적 네트워크를 바탕으로 제안을 실현해 나갔다. 이미 전농 계좌로 후원금이 답지하고 있었고, 당장 준비가 어려운 상여 대신 준비 중이던 트랙터 투쟁이 대안으로 나왔다.

"전농 사무총장님이 저한테 전화를 하셨어요. '후원이 너무 많이 들어와서 지금 사무국이 난리가 났다. 상여가 안 올라오면 시민분들한테 죄인이 될까 봐 너무 무섭다….' 저도 너무 죄송해서 '알겠습니다' 하고 바로 글을 내리고 다시 글을 써서 올렸어요. '정말 죄송한데 여러분, 지금은 트랙터 투쟁하느라 상여가 어려울 수도 있을 것 같다'라고 했더니 사람들이 '트랙터가 더 비싸잖아요'라고 하시더라고요."

한 번 시작된 후원은 멈추지 않았다. 이때부터 후주는 '내 트윗 때문에 투쟁단이 너무 무리하게 된 것 같다는 책임감과 죄책감으로'[*] 전봉준투쟁단의 홍보처 역할을 시작했다.

내가 만난 남태령 집회 참가자들은 이때부터 향연의 트윗을 보며 서울에서 곧 농민들의 트랙터를 만날 수 있으리라는 기대에 부풀었다고 말했다. 그러나 서울 한복판에서 비교적 평화롭

---

[*] 강유정 외 8명, '남태령: 꺼지지 않을 연대의 불꽃', 『다시 만날 세계에서』, 안온북스, 2025, 37쪽.

게 집회가 진행되는 동안 정작 트랙터는 오지 않았고, 남태령에서는 경찰들이 폭력적으로 진압에 나섰다는 소식이 전해졌다. 많은 이가 그 순간 '낙차'를 느낄 수밖에 없었다.* 도무지 연결될 것 같지 않았던 농민과 여성·퀴어 청년들이 연대한 남태령의 기적에 대해 후주는 "급박하고 위험한 상황이었기 때문"이라고 설명했다.

"저는 남태령을 계엄 이후에 벌어진 첫 비상 상황이라고 보거든요. 공권력과 시민들의 직접 충돌이 있었던 현장이자 우발적이고 기획되지 않은 현장이었어요. 그 부분에서 충격을 받은 청년들의 정동이 무척이나 강렬했어요."

1988년생인 후주와 나는 20대를 '이명박근혜' 정권 아래서 보내며, 집회 행진을 겹겹이 막아선 '명박산성'이나 고 백남기 농민이 사망한 물대포 사태와 캡사이신 발포를 경험한 강렬한 기억이 있다. 그러나 국가폭력에 대한 구체적인 기억이 없는 20대 초중반, 10대 청소년들에게는 아마 남태령이 '처음 본 경찰의 폭력적인 모습'일 거라는 게 그의 생각이다.

"(경찰이) 어르신들을 때리고, 트랙터를 부숴서 잡아 끌어내리는 그 스펙터클이 영상에 잡혔잖아요. 거기에서 사람들이 충격을 많이 받은 것 같아요."

---

* 이슬기, "'남태령 대첩' 참가자 15명이 그날 밤 겪은 '희한한' 일 [이슬기의 뉴스 비틀기]", 《오마이뉴스》, 2024/12/24.

환하게 웃고 있는 향연(ⓒ김후주).

후주는 그날 남태령에 모인 청년들이 경찰에 맞서는 장면을 생생히 기억한다. 이들은 경찰이 사람을 연행해 가는 데 쓰는 일명 '닭장차'의 이름도 용도도 몰랐지만, 순도 100%의 분노로 무장한 채 공권력에 맞섰다.

"다들 정말 원론적으로 '민주주의 사회에서 공권력이 이럴 수는 없다'고 하면서, 이상적이고 깨끗한 마음으로 이 사회를 바라보시더라고요. '우린 그저 헌법이 보장한 권리를 행사하러 온 건데 왜 폭행을 당하냐, 잘못한 건 경찰 아니냐'며 분노하는 분들도 있었고요. 떨면서도 '부당하다, 우리가 해결해야 한다'는 마인드를 가진 사람들이었어요. 우리 세대도 그랬잖아요. 캡사이신 맞으면서 경찰에 대들고, 차벽에 스티커 붙이고…. 그런 여러 기억이 떠오르면서 놀라기도 하고 '맞아, 이 말이 옳지' 싶었어요."

후주의 이야기를 들으며 나는 계엄의 밤에 국회 앞에서 군용차를 맨몸으로 막아서던 다인의 모습이 떠올랐다. 25세의 다인은 그날, 국회 문을 막아선 경찰들과 국회 앞을 지나던 군용차를 보며 '눈알이 도는 경험'을 했다고 고백했다. 눈앞에서 비상식적인 현실이 펼쳐지자, 몸이 먼저 반응한 것이다. 다인은 이후 남태령에서 트랙터를 막아선 경찰들과 마주한 순간에도 비슷한 감정을 느꼈다고 했다. 그것은 다인이 군용차 안에 있던 군인과 눈이 마주쳤던 순간에 떠올렸던 질문과 근원적으로 맞닿아 있었다.

'내가 지금 어떤 상황에 있는 거지? 우리가 어떤 상황에 있는 거지?'

분노가 저항의 원천이 되었다는 후주와 다인의 증언은, 영국의 페미니스트 연구자 사라 아메드가 『감정의 문화정치』에서 말하는 '감정이 개인과 집단의 몸을 형성하는 방식'*과 맞닿아 있다. 한밤에 계엄을 일으키고, 평화로운 행진을 막는 공권력이라는 불의에 맞서 국회와 남태령으로 달려가 결집하는 것은 '분노'라는 감정이 개인과 집단의 몸을 움직인 일이다.

아메드가 미국의 흑인 퀴어 활동가 오드리 로드의 글을 경유해 설명하는 분노의 의미에서, 우리는 사람들이 윤석열 탄핵 광장 내내 경험한 분노의 양태를 조금 더 자세히 들여다볼 수 있다. 분노는 내란이라는 부정의에 대응하는 방식이자 그 자체로 지식과 에너지를 품은 감정이며, 이를 표출하고 실천하는 행위는 '내란 수괴 탄핵'이라는 더 나은 삶을 여는 일이라는 것이다.**

외로운 이들이 느낀 생경한 감각, '연대'

그날의 남태령은 '기적'이라고 불릴 만한 광경으로 가득했

---

*   사라 아메드 저, 시우 역, 『감정의 문화정치』, 오월의봄, 2023, 24쪽.
** 위의 책, 374쪽.

다. 주최 측 추산 3만여 명이 몰린 남태령에서는 핫팩 나눔과 배달 음식 후원이 상시적으로 이루어졌다. 김밥 한 줄을 받아 절반만 먹고 절반은 뒷사람에게 건네는 모습, 집에서 데워온 보온병의 물을 옆 사람과 나누는 풍경이 자연스러웠다. 저체온증으로 사람들이 실려 간다는 소식에 시민들이 자비로 대절한 난방 버스가 줄지어 도착했다. 시민 발언대에서는 '논바이너리', '레즈비언', '트랜스젠더' 등 자신의 성적 지향과 성 정체성을 용기 있게 밝히는 커밍아웃도 이어졌다.

후주는 기록학 연구자들과 함께 '남태령 심포지엄 팀'을 꾸려 이날의 경험을 아카이빙하고 분석하는 작업을 진행 중이다. 그에 따르면, 남태령은 코로나19 팬데믹을 지나며 고립되어 있던 이들이 모처럼 '연대'라는 감각을 회복한 공간이었다.

"소위 학생운동이나 사회운동과 공동체성이 단절되었던 시기가 있었다고 봅니다. '이명박근혜' 때부터 반정치, 반지성 분위기가 퍼졌고, 코로나가 거기 쐐기를 박았죠. '말벌 동지'들이라고 부르는 이들 대부분은 극심한 외로움과 고립감을 겪고 있었어요. 그 상태에서, 사회적 부조리를 이야기하거나 함께 행동할 기반이 없던 사람들이, 계엄이라는 계기를 통해 그 감정을 한꺼번에 터뜨린 거예요.

제가 광장에서 만난 친구들 가운데는 이번 광장이 생애 첫 시위인 분들이 많았는데요. 그들 경험에 비췄을 때는 꽤 충격

남태령의 축제를 이끌어낸 후주.

적이었을 겁니다. 이제껏 경험해보지 못했던 '연대'라는 감각, 내가 생판 모르는 사람한테 도움이 될 수 있고 도움을 받을 수 있다는 굉장히 생경한 감각이 온몸에 각인되었을 테니까요."

연대가 가능했던 주요 배경 중 하나는 남태령의 주체가 전농·전여농 같은 농민 단체였다는 점이었다. 먹거리를 만드는 이에 대한 경외감, 농사짓는 우리 할머니·할아버지를 환기하는 정서적 친근함 등이 청년들을 남태령으로 결집하게 했다는 것이다.

"농민에 대한 이미지가 아무리 퇴색됐어도, 여전히 '밥을 만드는 사람들', '어르신들'에 대한 존경이 있었던 것 같아요. 자유 발언에서도 먹거리에 대한 얘기가 많이 나왔거든요. 그리고 두 세대 차이, 할머니·할아버지와 손자·손녀뻘이니까 엄마·아빠랑은 싸워도 할머니·할아버지랑은 싸우지 않으려는 그 정서도 영향을 미친 것 같아요. 그래서 더욱 서로 조심하고 배려하게 됐고요."

또 하나, 경찰들의 과잉 진압에 시달려온 농민 투쟁의 오랜 역사는 사람들의 발걸음을 남태령으로 향하게 한 주요인이 되었다. 후주는 'X'를 통해 이 점을 지속적으로 알렸다.

"트위터 보시는 분들한테 '여러분, 지금까지는 집회를 원활히 진행했지만 트랙터 투쟁은 다를 수 있어요. 경찰들은 농민 투쟁을 유독 습관적으로 악랄하고 더 강경하게 진압하는 편입니다. 언론도 정치권도 대중도 관심이 없는 외면하는 분야라서 경찰이 100% 진압해도 잘 다뤄지지 않아요. 그래서 여러분이 충격 받으실 수도 있어요.'라고 말씀드렸어요. 사실 저희 때만 해도 박근혜 정부 때 상경하셨던 백남기 농민도 돌아가셨잖아요.* 그 사건의 기억이 남태령에서 다시 떠올랐고, 실제로 현장에서 과잉 진압이 벌어졌다. 그 겹침은 사람들을 더 뜨겁고, 더 절박하게 만들었다.

그렇기 때문에 숱한 인터뷰에서 "그 현장이 위험했는데 왜 많은 사람이 모인 것 같냐"는 질문에 답하는 후주의 대답은 하나, "위험했으니까"였다. "제가 만난 거의 모든 친구는 '그곳이 위험했기 때문에 갔다. 위험했으니까 도와드리러 간 거지, 안 위험했으면 굳이 갔겠어요'라고 말하더라고요."

스피노자를 연구한 10년 차 농민의 정치

올해로 10년 차 농민인 후주는 본디 스피노자로 석사 논문을 쓴 철학도였다(그는 2016년 가톨릭대 철학과 석사과정을 졸업했다). 논문 제목은 「스피노자 정치철학의 민주주의적 자유 개념에 대한 의의와 해명」이다. 그는 자신의 논문을 "소위 자유민주주의라고 하면서 '자유'라는 개념을 자꾸 우파적으로

---

* 고 백남기 농민은 2015년 민중총궐기 당시 농산물 값을 보장하라는 시위에 참여했다가 경찰의 물대포에 쓰러져 사망했다.

전유하려는 시도를 비판적으로 접근한 것"이라고 소개했다. 그는 논문에서 '민주주의적 자유'를 '평등한 자연권을 가지려는 사회 구성원들 각자의 정치적 노력의 과정*'으로 정의한다.

그는 충남 천안의 복자여고에 다니던 고교생 시절부터 철학에 관심이 많았다. 학교에는 정규 교과에 없던 '철학' 수업이 따로 있었고, 선생님은 자체 교재까지 만들어 사회 참여적인 철학을 가르쳤다. 자연스럽게 2008년, 가톨릭대 철학과에 입학했다. 대학에서는 총학생회 정책국장으로 학생운동을 했고, 정치철학을 공부해 교수가 되려고 했다. 그렇게 박사과정에 진학하려던 2016년, 그는 아버지의 뜻에 따라 'K장녀'의 순리대로 배 농사를 물려받게 됐다. 그가 운영하는 주원농원은 국내 최대 유기농 배 과수원으로, 5만여 제곱미터(1만 5,000평)에 달한다. 그는 'X'에 남태령 관련 소식을 알릴 때 "과수원의 배를 영업하는 느낌으로" 했다고 말했다.

후주는 발 닿는 곳마다 개선과 변화의 목소리를 낸 '정치'하는 삶을 걸어온 이다. 농촌에서는 절대 소수인 청년 여성 농민으로서 자연스레 농업 정책을 개선하는 일에 의견을 내기도 했다. 민주당 농어민위원회 활동에 이어 2022년 대선 당시에는 이재명 후보 선거대책위원회의 일원으로 활약했다. 지난 3월

---

* 김후주, 「스피노자 정치철학의 민주주의적 자유개념에 대한 의의와 해명」, 가톨릭대 철학과 석사학위 논문, 2021, 76쪽.

발족되어 '풀뿌리 민주주의'를 표방하는 국민주권전국회의(주권회의)에서는 청년주권위원장으로 청년의 목소리를 모으는 데 주력하고 있다.

윤석열 퇴진 광장에서 후주는 다른 입장을 가진 이와 만나는 데 적극적인 사람이었다. 이른바 '박찬대 무지개떡 사건'*으로 'X'의 '랟펨'(래디컬 페미니스트)들 사이 트랜스젠더를 혐오하는 발언이 난무하자 이들과 오프라인에서 만나 직접 이야기를 나눈 이가 트위터리안 '향연', 후주였다.

그에게 내란 국면 내내 현격한 의견 차이를 보였던 반대편 광장의 사람들, '반탄'(탄핵 반대) 세력과 대화하는 방법을 물었다.

"예수님, 부처님, 소크라테스를 한자리에 모셔와도 완전한 봉합은 힘들 거예요. 설득이 되려면 먼저 소통이 전제되어야 하는데, 지금은 그 기본이 안 되는 상황이니까요. 그나마 상황을 완화시킬 수 있는 방법은, 저는 사회적 안전망과 커뮤니케이션의 재생이라고 봐요. 한동안 '공동체'라는 말만 들어도 질

---

* 전농은 2024년 12월 28일에 열린 광화문 집회에서 남태령 대첩에 연대한 시민들에게 감사하다는 의미로 무지개떡 1만 개를 돌렸다. 이를 두고 박찬대 민주당 원내대표가 트위터에 "떡 맛있어요. 웬 떡이니? 했어요"라는 글을 올리자 많은 이들이 무지개떡의 뜻을 헤아려 차별금지법 제정에 나설 것을 촉구했다. 이를 두고 한편에서는 "떡에 지나치게 의미를 부여한다"는 의견들과 함께, 차별금지법 제정에 반대하는 이들 사이에서 트랜스젠더를 혐오하는 발언이 쏟아져 나왔다.

색하던 사람들이, 계산적인 모습들만 보였던 사람들이, 남태령 같은 공간에서는 뭔가 달라졌다고 생각하거든요. 인간은 본성적으로 이기적이라는 명제가 틀렸다는 걸, 서로에게 호혜적으로 작용할 때 기쁨을 더 느낄 수 있다는 걸…. 아마도 그 현장에서 느끼지 않았을까요?

저는 지금 그런 경험을 더 확산시키려는 열망, 욕구 같은 게 분명 작동하고 있다고 봐요. 내가 사회에서 어떤 역할을 할 수 있다는 감각, 누군가에게 실제로 도움이 되었다는 경험, 내가 문제라고 여긴 걸 직접 몸으로 가서 해결했다는 느낌. 그런 건 말로는 아무리 설명해도 와닿지 않는 것들이잖아요. 실제로 현장에 가서 사람들과 부딪히고, 움직이고, 함께 있을 때 오는 감각이니까요. 저는 그 감각을 부활시키고 재생산해서 결국 일상으로 가져와야 한다고 생각합니다."

후주는 파면 이후 대선 국면으로 접어들면서 다시금 성평등 등 소수자 의제가 뒤로 밀렸다는 우려가 제기되는 상황을 낙관했다. 그간 터져 나온 광장의 목소리를 대통령 당선자가 무시하기는 어려울 것이라는 생각 때문이다. (그는 민주당 이재명 후보의 당선을 낙관했고, 실제 6·3 대선 결과 이 후보가 49.42%의 득표율로 대통령에 당선됐다.)

"사회 대개혁에 대한 요구를 민주당이 받아들이지 않으면 우리가 또 다른 계엄을 맞이할 수 있다', '내란을 제대로 청산

하고 개혁을 완수하려면 다른 목소리를 들을 수 있는 민주당이 돼야 한다'는 얘기를 하시는 분들이 아주 많아요. 제가 봤을 땐 (당에서도) 그걸 아예 싹 무시하기는 쉽지 않을 것 같아요."

그의 석사 논문에는 이런 구절이 있다. "스피노자의 민주주의는 언제나 이성에 부합하는 긍정적 감정들이 부정적 감정들을 압도하고 있으며, 그 사회의 구성원들은 항상 악보다 선의 관념을 따르게 된다."[*]

끊임없이 사람들을 만나 제안하고 설득할 수 있는 원동력이 무엇이냐는 질문에 그는 "비위가 좋아서요"라며 웃었다.

사람의 선함을 믿고, 눈에 보이는 작은 결실들을 따라 한 걸음씩 나아가는 것, 그것이 바로 그의 정치적 삶이었다.

---

[*] 김후주, 앞의 논문, 84쪽.

45년 만의 '시민은 도청으로'
_00년생 나수하

"1987년 이후 지난 37년간 이곳 광주에서는 그 누구도 듣지 못했던 이야기, KIA 타이거즈가 2024년 정상에 오릅니다. 광주, 우리 시대 가장 큰 아픔을 야구로 극복한 도시에서 타이거즈는 운명이자 자랑이었습니다. 그런 KIA 타이거즈가 7년 만에 프로야구 챔피언에 오릅니다."

2024년 10월 28일, 프로야구가 기아 타이거즈의 통합 우승으로 막을 내릴 당시 한명재 MBC스포츠플러스 캐스터의 우승콜이다. 5·18이라는 아픔을 직접 언급하지는 않았지만, 중계를 지켜보던 이들은 그 의미를 다 알아들었다. 불과 18일 전,『소년이 온다』를 쓴 한강 작가의 노벨문학상 수상 소식을 접했던 호남민들에게는 더욱 심금을 울리는 순간이었을 것이다. 우승 이튿날,《전남일보》는 기사에 이렇게 썼다.

"1980년 5·18 민주화운동 이후로 가슴속의 한을 풀지 못하고 삼켜야만 했던 지역민에게 있어 타이거즈는 남도 기개의 상징이자 야구는 한을 풀어주는 살풀이 굿판이었고, 치유되지 않고 있는 아픔을 잊게 해주는 위안이었다."*

그러나 우승의 환희가 채 가시기도 전인 12월 3일 밤, 대통령 윤석열에 의해 비상계엄이 선포됐다. 1980년 5월 전두환 신군부에 의해 광주에 비상계엄이 선포된 지 44년 만의 계엄이었다. 광주 시민들은 챔피언스필드를 물들였던 기아 타이거즈의 머플러와 유니폼, 응원 배트를 들고 옛 전남도청 앞 5·18 민주광장에 다시 모였다.

그 광장의 한복판, 기아 타이거즈 로고 위에 '시민은 도청으로'라는 구호를 적은 깃발을 든 이가 있었다. 그 깃발의 기수 나수하를 4월 27일 줌으로 만났다.

"광주에 거주하고 있는, '기아 타이거즈: 시민은 도청으로' 깃발 기수이자 병원 영양사로 근무하고 있는 나수하입니다."

전일빌딩의 탄흔이 생각나던 밤

12월 3일 비상계엄이 선포되었을 당시, 수하는 영양사 국가고시를 불과 열흘 앞둔 수험생이었다. 여느 밤처럼 잠자리에 들 준비를 하던 중 난데없이 전해진 속보에 가족은 모두 밤새

---

* 노병하, '타이거즈 우승 "광주, 우리 시대 가장 큰 아픔을 야구로 극복한 도시"', 《전남일보》, 2024/10/29.

TV 중계에 매달렸고, 동이 틀 무렵이 되어서야 잠이 들었다. 전남 담양이 고향인 엄마, 나주 출생의 아빠는 계엄의 엄중함을 모를 리 없었고, 광주에서 나고 자란 수하도 마찬가지였다. 무섭고 두려운 밤이었다.

"광주에서는 초등학교 입학 때부터 계엄이나 5·18 민주화운동에 대해서 교육을 많이 받거든요. 당시에 참혹했던 현장 사진들, 영상 같은 것들도 보고요. 광주는 피와 눈물로 민주주의를 이뤄냈다고 배웠기 때문에…. 그런 것들이 머릿속에 스쳐 지나가더라고요. '나도 내가 봤던 사진들처럼 무자비한 폭력에 당할 수도 있겠다'는 공포가 떠올라 두려웠어요."

현재도 광주의 중심지 역할을 하는, 수하가 무시로 지나치던 금남로에서 본 탄흔이 생각나는 밤이었다. 5·18 당시 계엄군의 헬기가 시민들을 향해 총격을 난사한 흔적 245개를 기려 그곳은 이름도 '전일빌딩245'다.

시험 마치자마자 달려간 광장, 거기서 만난 타이거즈

기아 타이거즈가 한국 시리즈에서 12번째 우승을 거머쥐던 2024년은 프로야구가 처음으로 천만 관중을 돌파했던 기념비적인 해다. 야구장마다 '매진' 행렬이 이어진 데는 2030 여성들의 공이 컸다. 한국야구위원회(KBO)가 그해 7월 올스타전의 예매 성향을 분석한 결과, 2030 여성 비율이 전체의 절반

이상(58.7%)을 차지했다. 프로야구 천만 관중 시대를 견인한 2030 여성들은 야구장에 가던 그 차림 그대로 집회에 나왔다. 윤석열 퇴진 광장에 깃발과 응원봉 다음으로 야구 응원 배트와 유니폼, 점퍼가 많았던 이유다.

수하가 내란 국면의 5·18민주광장에 처음 달려간 것은 12월 14일이다. 그날은 국회에서 두 번의 시도 끝에 윤석열 대통령에 대한 탄핵소추안이 가결된 날이었다. 수하의 영양사 국가고시 시험일이기도 했다. 시험 준비를 위해 줄곧 도서관에 있었던 수하도 이날은 홀가분한 마음으로 그간의 죄책감과 부채감을 털어내고자 광장으로 향했다. 광장에는 기아 타이거즈의 응원 도구인 '호통이'를 들고 팀 점퍼를 걸친 2030 여성들이 많았다. 그들은 함께 '타이거즈~ 소크라테스'로 시작하는 타이거즈의 외국인 타자 소크라테스의 응원가를 '우리 모두~ 촛불을 들자'로 개사해 불렀다.

"전에는 민주노총 같은 단체나 정당 깃발이 많았고, 분위기도 조금 엄숙했다고 들었는데, 그날은 개인 깃발 기수분들도 많았어요. 서울에서 오신 분들도 있었고요. 광주라는 지역 특성상 아무래도 5·18을 직접 겪은 세대, 유가족분들이 많았고, 응원봉을 든 여성들도 정말 많았어요. 금남로 일대를 가득 메울 정도로 많은 분이 모여서 전광판 화면을 보는데, 가결되던 순간 환호와 함성이 터져 나왔어요. '광주는 조금 다른 곳이다. 좀 더 민주주의에 예민하고 더 많이 마음을 쏟는 곳이다'라는 걸 느낄 수 있었어요."

야구 팬인 수하가 처음 광장에 들고 나갔던 것도 '기아 타이거즈' 로고가 그려진 깃발과 전구를 연결해 불을 밝힌 플라스틱 응원 배트였다. 깃발은 수하가 야구에 처음 '입덕'하던 2021년, 광주챔피언스필드에서 받았다. 당시 코로나19 팬데믹으로 마땅한 소일거리가 없던 수하의 눈에 어느 날 야구를 좋아하는 친구가 들어왔다. '나도 한번 가보자'는 심정으로 친구를 따라나섰는데, '희로애락이 있는 스포츠'라는 점이 마음에 들었다. 코로나 여파로 텅 빈 관중석을 그나마도 '있어 보이게' 하기 위해 타이거즈에서 나눠준 것이 깃대만 1미터 남짓한 조그만 타이거즈 깃발이었다. 이후 수하는 거기에 검은색 래커로 '시민은 도청으로'를 크게 적었다.

광주에서, 야구가 정치가 된 이유

고백하자면, 나도 야구팬이다. 수하보다 조금 늦은 2022년, JTBC 예능 프로그램 〈최강야구〉를 보고 입덕했다. 올해로 3년째 고향팀 NC다이노스를 응원하고 있으며, 지금은 덜하지만 2023년에는 전국 9개 구장 모두를 '찍고' 50회 이상 NC 경기를 관람했을 정도로 광적인 데가 있었다.

그 바람에 윤석열 퇴진 광장에서 나는 아이돌 응원봉 대신

민주주의의 깃발은 다채롭다(©나수하).

좋아하는 NC의 투수 이용찬의 이름을 새긴 응원봉을 들고 다녔다. 광장에서 두산 베어스의 안타송을 개사한 "나갈 때가 됐는데~ 윤석~열 퇴!진!"을 부를 때마다 흡사 야구장에 와 있는 듯한 느낌을 받았다. 파면 선고 당일도 NC 유니폼을 입고 광장에 가려다가 혹여 탄핵 반대 세력을 만나면 표적이 될 것 같은 괜한 두려움에 집에 고이 모셔두고 나왔다.

그런 까닭에 광장의 깃발들 가운데서도 야구에 관한 것들이 더욱 눈에 들어왔다. '야구로만 화내고 싶은 전국 야구팬 연합 고척스카이돔지부', '달빛연합-기아 타이거즈 & 삼성 라이온즈', '날 힘들게 하는 건 이글스로도 충분하다' 등의 깃발을 광장에서 자주 마주쳤다. 파면 당일, 안국역 앞 광장의 스크린 앞에서 선고를 기다리며 줄곧 바라봤던 것은 '47 김정수'라고 적힌 시뻘건 야구 유니폼이었다. 나중에 알고 보니 김정수는 1990년대를 풍미한 해태 타이거즈(기아 타이거즈의 전신)의 좌완 강속구 투수였다.

수하와의 인터뷰를 준비하며, 그의 'X'와 블로그를 둘러봤다. 그가 올린 광주챔피언스필드에서 경기를 직관한 후기를 보다 보니, 내가 다녀왔던 '챔필' 생각이 났다. 타 구장보다 유독 원정팬 숫자가 적어 홈팬들 함성에 기가 많이 죽었던 그곳이었다. 공교롭게도 수하가 올린 직관 후기 가운데는 내가 챔필에 처음으로 발을 디딘 경기도 있었다. 우리는 2023년 6월 17일,

챔필에서 함께 기아 타이거즈와 NC 다이노스의 결전을 본 셈이었다.

수하에게 광주에서 야구와 기아 타이거즈가 갖는 의미를 묻자 소위 전두환의 3S 정책이 먼저 나왔다. 군사 독재로 인한 반발을 억누르기 위해 국민의 관심을 섹스(sex), 스포츠(sports), 스크린(screen)으로 돌리고자 했다는 것. 그렇게 3S의 하나로 1982년 프로야구가 탄생했다는 이야기다.

"국민이 자신의 독재에 대한 비판도 좀 줄였으면 좋겠고, 정치적인 관심도 다른 곳으로 돌렸으면 좋겠어서 들여온 게 프로야구잖아요. 사실 광주를(광주의 아픈 역사를) 조금 잊게 만들려고 들여온 거였는데, 아이러니하게도 광주 사람들은 야구장에 가서 슬픔이나 울분을 표현할 수 있었거든요. 호남과 광주의 억압 받았던 정체성을 풀고 표출할 유일한 수단이어서 기아 타이거즈 깃발을 들면 좋을 것 같다고 생각했어요."

수하는 기아 타이거즈에 담긴 호남 야구의 지역색을 쭉 설명했다. 야구장에서 불리기엔 많이 구슬픈 노래 '목포의 눈물'이 응원가로 쓰였고, '비 내리는 호남선'으로 시작하는 '남행 열차'가 8회 승리를 목전에 두고 부르는 응원가로 자리매김한 것 등을 말이다. 책 『해태 타이거즈와 김대중』에는 1980년대의 야구장을 두고 '그 시절, 그곳에서, 야구장은 수천 명이 모여 한목소리로 외치고 흥분하고 울고 웃으면서도 주눅 들지 않고 곤봉과 최루탄의 두려움에 떨지 않아도 되는 유일한 공간'[*]이라고 적혀 있다.

수하의 말을 들으며, 나는 머릿속으로 다큐멘터리 〈길 위에 김대중〉의 한 장면을 떠올렸다. 광주 무등 야구장을 가득 메운 관중들이 '김대중'을 연호하던 모습이었다. 야구장에서 야구 경기를 보다가 정치인 이름을 부르는 게 연출이 아닌 실화인가 싶어 오랜 타이거즈 팬에게 물어봤더니, 정말로 본인이 어렸을 때 그랬다고 전해줬다. 『해태 타이거즈와 김대중』에서는 더욱 자세한 사연을 알 수 있었다. 1980년대 말에서 1990년대 초, 한화 이글스의 전신인 빙그레 이글스에는 이름이 '김대중'인 투수가 있었고, 당시 무등 야구장에서 이글스와 경기가 있는 날이면 홈 관중들은 이를 빌미로 상대 팀 선수이자 호남의 정치적 희망인 '김대중'을 연호하는 '놀이'를 감행했다는 것.[**]

이토록 태생부터 정치적인 스포츠였던 야구가 2024·2025년의 광장에 전면적으로 등장한 것은 절대 우연이 아닐 것이다. 타이거즈의 최대 팬 카페인 네이버 'V13을 위하여 응원하는 타이거즈'는 내란 국면에 정치적 내용의 게시글을 금지한다는 기존 규정에 예외를 둔다는 공지를 올렸다. '이번 비상계엄 시국 관련 사항을 정치로만 볼 수는 없습니다. 이곳은 계엄에 관해

---

[*] 김은식, 『해태 타이거즈와 김대중』, 이상미디어, 2009, 126쪽.
[**] 위의 책, 122~127쪽.

마음의 빛이 있는 광주가 홈구장인 기아 타이거즈 팬카페입니다.'*

금남로에 나타난 극우 세력에 맞서다

수하의 타이거즈 깃발에 검은 눈물로 새긴 듯한 '시민은 도청으로'가 등장한 것은 2025년 2월 8일 금남로에서 열린 극우 집회 때문이었다. 여느 주말처럼 응원 배트를 들고 5·18 민주광장으로 향하던 수하는 그날 전일빌딩 앞에 모인 60여 명의 극우 세력을 봤다.

"'광주여 깨어나라, 언제까지 속고 살 것인가'라고 마이크를 들고 외치더라고요. 광주 5·18 민주화운동을 지워버리고자 하는 게 느껴졌어요. 저희가 했던 많은 일들을, 마치 아무것도 모르기 때문에 속아서 한 행위처럼 무시한다고 느껴져서 모욕적이었어요.

5·18 민주광장은 5시 18분이 되면 예나 지금이나 종소리와 함께 '임을 위한 행진곡'이 흘러나와요. 저희가 그날도 집회를 하다가 5시 18분에 '땡' 하면서 노래가 나오기에 다 같이 묵념했거든요. 엄숙하고 조용하고, 슬픔을 위로하는 그런 시간이잖아요. 근데 극우 집회에서 그 시간에 큰 소음과 함께 신나는 노

---

* https://cafe.naver.com/kiawin/937554, 2024/12/8.

래를 틀기도 하고, 마이크로 발언도 하더라고요. '저 사람들은 절대 광주를 위해서 온 게 아니다. 자기가 하고 싶은 말을 하려고, 모욕을 주기 위해서 온 거다'라는 생각이 들었어요."

그날 집으로 오는 길에 수하는 평소 타이거즈 팬 계정으로 쓰던 'X' 계정에 글을 올렸다. 일주일 후인 2월 15일, 탄핵 반대 세력이 금남로에서 대규모 집회를 열겠다고 예고한 터라 이에 맞서야 한다고 생각했다. 45년 전 5·18 당시 수하 또래의 여성들이 "광주시민 여러분, 도청으로 나와주십시오. 사람들이 죽어가고 있습니다"라며 가두방송을 했던 것처럼.*

'5·18 민주도시 광주에서 말도 안 되는 일이 벌어졌습니다. (중략) 불법계엄과 내란을 옹호하는 극우주의자들을 두고 볼 수 없습니다. 반드시 2월 15일 탄핵촉구집회에 자리해주심을 간곡히 부탁드립니다.'

그날 올린 글은 조회수 139만 회에 1만 2,000회 이상 공유됐다. 그는 2월 15일의 집회에 앞서 아끼던 타이거즈 깃발에 래커로 '시민은 도청으로'를 써넣었다.

"광주에서 내란 옹호 세력 집회가 열리게 되면서, 시민분들한테 부디 도청(5·18민주광장은 옛 전남도청 앞 광장이다)으로 모여달라고 호소할 일이 생겼는데, 그때 생각이 난 것이 '전

---

* 강주비, '"광주시민 여러분 도청으로…" 잊지 못할 그날', 《광주일보》, 2022/5/18.

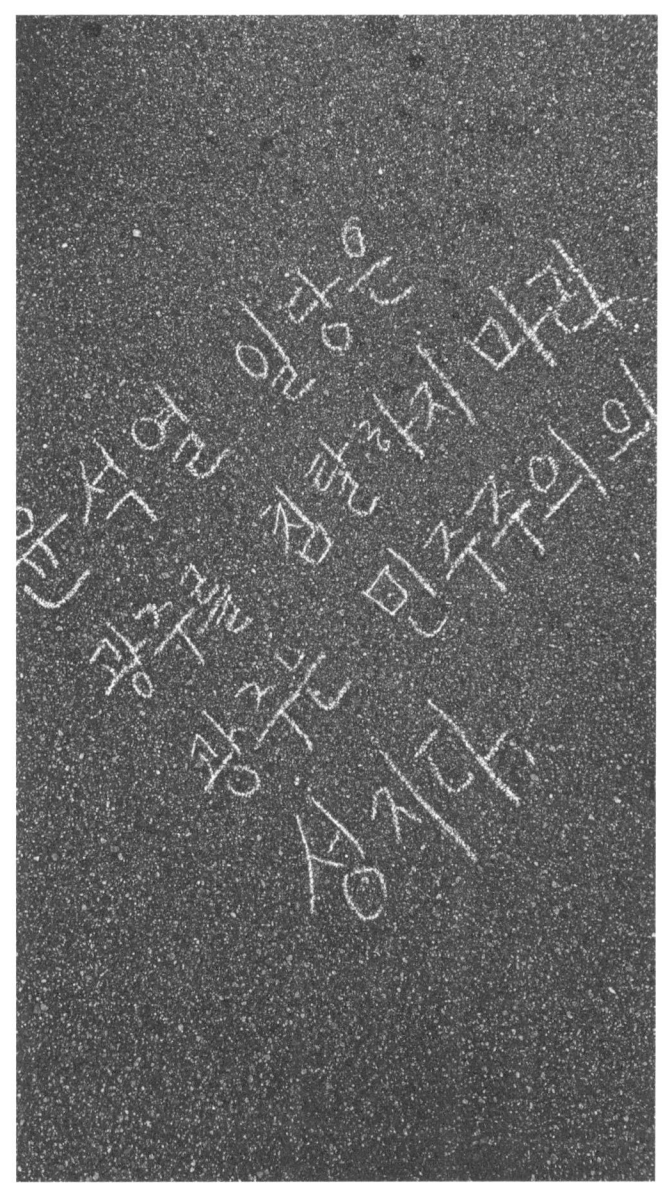

한겨울 아스팔트에 새겨진 광주의 마음(ⓒ나수하).

시민은 도청으로 집결'이었어요. '시민은 도청으로'가 5·18 민주항쟁 당시 가장 많이 통용됐던 문장으로 알고 있거든요. 집회는 가능한 한 많은 사람이 모일수록 안전해지고 강한 힘을 발휘하니까…. '그래서 1980년 5월에도 다들 여기로 모이라고 했구나'라는 걸 깨달았어요."

그렇게 탄핵 반대에 앞장선 개신교 단체 세이브코리아가 대규모 집회를 연 15일, 수하는 처음 '시민은 도청으로'를 들고 나섰다. 금남로 일대의 교통이 통제되는 바람에 버스에서 내려 민주광장까지 1.2킬로미터가량을 걷는 사이 세이브코리아의 집회 인파를 뚫고 지나가야 했다. 당시 세이브코리아 주최 탄핵 반대 집회에는 1만 명가량(주최 측 추산)이, 100미터 남짓한 거리를 두고 차 벽으로 분리된 탄핵 찬성 집회에는 2만 명가량이 참석했다.

"(세이브코리아 집회) 무대 앞을 지나가는데, 당시에 마이크 들고 계시던 분이 '광주 빨갱이들 다 어디 갔느냐. 우리가 무서워서 도망갔느냐'라고 말하더라고요. 정말 너무너무 화가 났어요. '빨갱이'라는 단어가 아무래도 비하 용어로 많이 사용되고 있고, 광주에서는 정말 금기시되는 단어거든요. 빨갱이라는 이름으로 죽은 사람들이 너무 많아서, 절대 쓰지 않고 누구도 입에 올리지 않는데 그걸 너무 쉽게 입에 올리더라고요."

분해서 눈이 퉁퉁 부을 정도로 울며 길을 뚫는 와중에 그의

내란 국면에서 전국의 광장을 순회한 시민항쟁버스인
'레트로버스'와 깃발을 들고 포즈를 취한 수하(ⓒ나수하).

깃발을 알아본 많은 시민이 환호를 보냈다.

"특히 5·18을 겪은 세대, 중장년층에서 제 깃발에 주목해주셨어요. '멋있다'고 많이들 그러셨고요. 그날 '시민은 도청으로'라고 쓰인 현수막을 건 레트로 버스(내란 국면에서 서울 여의도와 한남동, 광화문 등의 광장을 순회한 시민항쟁버스)가 왔는데요. 버스 앞에서 제 깃발을 빌려서 사진 찍으시는 분들도 있었어요."

깃발의 기수로, 노조원으로

윤석열 퇴진 광장을 지나며, 수하의 많은 것이 바뀌었다. 일단 수험생에서 영양사가 됐다. '기아 타이거즈: 시민은 도청으로' 깃발의 기수가 됐으며, 시민 발언대에 두 번 올랐다. 내란 국면에서 조직된 민주노총전국민주일반노조 누구나노조지회에도 가입했다. 누구나노조지회는 기업·산업 등을 떠나 프리랜서, 취업준비생, 자영업자 할 것 없이 말 그대로 누구나 가입할 수 있는 노동조합이다.

"영양사는 직종별 노조가 따로 없거든요. 제 친구가 누구나노조지회는 노동하고 있지 않은 시민들, 혹은 저처럼 따로 노조가 없는 사람들도 가입할 수 있다고 해서 저도 가입하게 됐어요. 언젠가 저한테도 일어날 수 있는 부조리함에 연대하고 싶어서요."

지난 3월 27일, 민주노총이 총파업을 결의한 날 그는 집회 발언대에 올랐다. '천억이 넘는 돈을 들여 용산 대통령실 이전을 강행했지만 산불진화대원들에게 월 4만 원의 위험수당은 줄 수 없고, 남태령에서 농민을 트랙터에서 억지로 끌어내리는 경찰은 있지만 불타는 산에서 대피 지원을 할 경찰은 없다'며 국내에서 일어나는 부조리한 사회상을 꼬집었다.

4월 4일, 파면 선고 당일에도 발언자로 나섰다. 선고가 있던 그날 오전, 수하는 직장인 병원에 있었다. 환자들 밥을 챙긴 후, 할 일을 끝내고 밥을 먹는 사이 동료 직원들이 환호하는 소리가 들렸다.

"그 소리를 듣는 순간 깨달았어요. '끝났다', '해냈다' 이런 생각이 좀 들었고요. 12월부터 추운 겨울 내내 했던 투쟁이, 나의 노력이, 무력하거나 헛되지 않았다는 생각이 들었어요. 눈물을 흘리며 꾸역꾸역 밥을 먹었던 기억이 나요."

그날 저녁, 파면을 축하하는 집회의 발언대에 서서 그는 이렇게 말했다.

"계엄은 우리를 공포에 떨게 했지만 우리는 두려움에 지지 않았고, (계엄이) 사회를 혼란스럽게 했지만 그 혼란에도 우리는 벽을 허물고 옆 사람과 한걸음 가까워지는 경험을 했습니다. 전 시민은 도청으로 집결!"

수하는 4월 26일에서야 올 시즌 처음으로 야구장에 갔다.

1년에 20회 이상 야구장을 찾는 수하에게는 늦은 개시였다. '최애'인 타이거즈의 투수 이준영의 유니폼을 입고 챔피언스필드 앞에서 찍은 사진에 친구는 이런 메시지를 남겼다. "너 야구 보니까 ㅈㅉ(진짜) 탄핵된 것 같다."

약자들이 지켜낸 곳으로서의 '광장'

고 백남기 농민을 겨냥한 물대포에 분노해 서울 가는 버스에 올라 박근혜 퇴진 집회에 참여했던 고등학교 1학년 학생은 9년 뒤 '시민은 도청으로'를 깃발에 내건 새내기 영양사가 되었다. 9년이라는 세월을 거친 수하에게 광장은 어떤 의미일까.

"광장은 여성과 장애인, 성소수자, 노동자 같은 약자들이 지켜내는 곳이잖아요. 광장을 지켜낸 사람들이 절대 잊히면 안 돼요. 우리가 지켜낸 광장이고 우리가 지켜낸 민주주의니까요. (정치인들이) 내란 청산은 당연하고, 약자들의 목소리를 듣고 살피는 정치를 했으면 좋겠어요. 생활동반자법, 차별금지법도 제정됐으면 좋겠고요."

정치권에서 선거 시즌만 되면 '호남 민심을 잡아야 된다'는 얘기들을 하고서 막상 호남을 위한 공약은 제대로 실천하지 않는 것처럼, 약자들을 위한 공약과 정책도 매한가지라는 얘기를 덧붙였다. 그는 향후 전국장애인차별철폐연대의 이동권 투쟁이나 가장 아래로 향하는 폭력인 동물권 유린에 반대하는 집회와 연대할 예정이다.

2025년 5월 18일, 광주는 다시 한번 뜨거워졌다. 전국의 광장에 흩어져 있던 사람들이 일제히 광주로 향해 전일빌딩에 남아있는 245개의 탄흔을 재발견했고 오후 5시 18분, 민주광장에서 '임을 위한 행진곡'을 들었다. 그에 앞서 광주는 5·18민주화운동을 '광주 사태'라 칭하는 대통령 후보이자 전 대통령 권한대행을 목도해야 했다. 5·18 당일에는 윤석열 등 내란죄 피고인들의 방어권 보장을 권고하는 안건에 찬성한 안창호 국가인권위원장의 기념식 참석을 광주 시민들이 힘을 합해 막았다.

바로 그날, 수하도 다시 한번 광장의 기수로 5·18민주광장에 섰다. 그에게 5·18은 "눈물과 피로 쓴 민주주의의 바탕"이자 광주에서 나고 자란 자신의 정체성과 맞닿은 그 무엇이기 때문이다. 야구는 거기서 피어난 '희로애락'이자 소속감을 느끼게 하는 원천이라고 수하는 말했다.

'혐중'에 대항해 마이크를 들다
_06년생 최서연

머릿속이 '쨍그랑' 하고 깨지는 듯한 순간이 있다. 지난해 12월 22일, 말을 꺼내면 그 순간 숨결조차 얼음 결정이 될 것만 같았던 남태령의 한밤, 한 청년 여성이 발언할 때가 그랬다. 그는 자신을 "대구광역시의 한 산부인과에서 태어나 대한민국에서 자란 중국인"이라고 소개하며 이렇게 말했다.

"1980년대에 천안문에서 국가에 맞서 싸운 외가 친척들이 있었다면, 이 땅에는 저보다 더 한국인 같지 않은 매국노를 쫓아내고자 하는 제가 있습니다."

그 순간, 한밤중에 국민의 자유와 신변을 위협하는 비상계엄을 선포해놓고는 "40대 중국인이 드론으로 국정원을 촬영하다 붙잡혔다"면서 느닷없이 중국 탓을 하던 윤석열의 모습이 오버랩됐다. 둘 중 누가 매국노인가.

내란 국면 속에서 윤석열 지지 세력의 '혐중' 정서는 점점 더 공개적으로, 노골적으로 터져 나왔다. 그럴 때마다 자주 그가

카페에서 만난 최서연.

떠올랐다. 남태령 이후에도 꾸준히 광장과 집담회 등에서 목소리를 내던 그는 어느 날 갑자기 'X' 계정을 폭파했다. 그에게 쏟아지던 이주민 혐오와 여성혐오가 섞인 목소리들을 떠올리며 그가 어디선가 안녕하기를 바랐다.

그러던 중 4월 22일에 방영된 MBC 〈PD수첩〉의 '깃발 꽂고 전진-광장에 선 청년'에서 오랜만에 그를 보았다. '위아더해군'이라는 'X'의 닉네임 대신 '최서연'이라는 가명과 함께였다. 변조된 목소리로 드문드문 눈물짓는 그를 보고 만나야겠다는 마음을 굳혔다.

5월 8일, 윤석열 지지 세력의 집회가 아직도 계속되고 있던 서울 광화문 인근의 한 카페에서 그를 인터뷰했다.

"중국인 부모님을 둔 이주 배경 2세이고, 남태령에서 한 번 발언했고, 그 뒤에 크리스마스 때 한 번 더 발언했던, 트위터상에서는 '위아더해군'이라는 닉네임으로 활동했던 사람입니다."

종강 날 느닷없이 날아든 '계엄'

인천에 사는 서연(가명)은 직업전문학교의 반려동물계열에 다닌다. 고양이 이야기를 할 때면 만면에 웃음을 띠는 8년 차 집사이기도 하다.

2025년 4월 4일, 윤석열의 파면 선고가 나던 날, 학기 중이었던 서연은 교수님한테 아프다고 '뻥을 치고' 헌법재판소가 있는 안국역으로 향했다. 광장에서 알게 된 친구들과 스크린 앞에 앉아 있다가 파면 선고를 듣고 서로 얼싸안고 소리를 질렀다.

"너무 기뻐서 눈물이 줄줄 흐르더라고요. 12월부터 4월까지의 일들이 주마등처럼 스쳐 지나가니까…"

주마등의 시작점인 2024년 12월 3일 비상계엄 선포일은 마침 서연의 학교 종강일이었다.

"종강 날이어서 정말 기쁘게 집으로 왔거든요. '아, 이제 진짜 본격적으로 백수 생활을 해야겠다' 싶어서 침대에 누워 만화를 보고 있었어요. 그런데 갑자기 서울에 사는 친구한테 전화가 왔어요. '야, 지금 서울이랑 인천 사이 고속도로 길목이 막혔다는데 거기 뭔 일 있냐'고 하는 거예요. '뭐 없는데? 정말 그런 상황이라면 안내 문자가 오지 않았을까' 하면서 문자 메시지를 확인하는데 아무것도 없었어요. 뉴스도 안 뜨고 해서 혹시나 싶어 트위터를 켰거든요. 너무 당황스러워서 '대국민 몰카'인 줄 알았는데, 아니더라고요."

당시 서연은 집에 혼자 있었다.

"아버지는 주무시고 계셨고, 식당에 나간 어머니한테는 제가 '이런 일이 있었다' 하면서 계엄이 중국어로 뭔지 알려드린 다음에 조심하라고 일러드렸어요."

친구들과 계엄 얘기로 한참을 떠든 다음에야, 그리고 국회

본회의에서 비상계엄 해제요구안이 통과된 새벽녘이 되어서야 서연은 잠이 들었다.

'남성주의자'의 계엄으로 시작된 광장 생활

계엄 선포 이튿날인 2024년 12월 4일부터 서연의 광장 생활이 시작되었다. 이후로 파면 선고가 나기까지 123일간 그는 거의 매주 토요일마다 윤석열 퇴진 집회에 참석했다. 한동안 도무지 실감이 나지를 않아 현실감을 느끼기 위해서 광장에 나갔다고 했다.

"'1명이라도 더 나가면 빨리 끝나겠지' 하는 마음에 꾸준히 나갔어요. 그때가 12월 초반이었잖아요. 아직 학기가 끝나지 않은 사람들이 많았는데, 마침 저는 학기도 끝났고 백수 상태라서 '시간 되는 사람이 나가자' 싶어서 갔었어요."

윤석열 정권이 들어서던 2022년 3월, 서연은 아직 투표권이 없는 고등학생이었다. 윤석열 당선 소식을 뉴스로 접한 그는 시쳇말로 '조졌네' 하면서 잠들었다. 선거 다음 날, 학교 전체를 휘감았던 초상집 같은 분위기를 그는 여전히 기억한다. 그 '조졌다'는 직감은 '여성가족부 폐지'를 외치며 등장한 전형적인 남성 엘리트의 집권을 확인한 데서 왔다. 서연은 윤석열을 '남성주의자'라고 표현했다.

"서울대 나왔고, 사법고시 9수 했고, 집안이 엘리트고, 거기에 여성가족부 폐지까지 외치는 남성이 대통령이 되니까…. 대한민국이 바라는 '워너비' 남자에 고등교육을 거친 법조인, 남성주의자까지 합쳐지니까 '와, 저 사람은 편견 덩어리구나' 싶었어요."

그도 그럴 것이 서연은 이주민 혐오와 함께 여성혐오 또한 예민하게 감지한다. 여성을 향한 성적 폭력 또한 자주 겪었다. 올해만 해도 벌써 두 번이나 대중교통에서 성추행을 경험했다.

"(서울 지하철) 1호선 타고 집에 가는데, 너무 졸려서 (자리에 앉아) 졸았어요. 중간에 잠깐 일어났는데, 어떤 할아버지가 제 목을 감싸더니 자기 어깨에 기대게 했어요. 어깨를 툭툭 두드리면서 '기대서 자도 안 혼낼 테니까 그냥 자'라고 하는 거예요. 너무 당황스러웠고, 비몽사몽한 상태에서 눈 감고 멍을 때리다가 '이건 아니다' 싶어서 일어났거든요. 근데 할아버지가 계속 말을 거시는 거예요. 막 다리를 쓰다듬으면서…."

일상적으로 겪었던 성차별과 성추행을 상기하면서 그해 겨울, 서연은 스스로 뽑지도 않은 대통령을 쫓아내려 자꾸자꾸 광장으로 나왔다.

중국 혐오에 대항해 마이크를 들었습니다

12월 21일 밤, '남태령 대첩'의 서막이 열렸던 그날 밤에 서연은 경복궁 앞에서 열린 윤석열 탄핵 촉구 집회에 참석했다.

광장 구석에 쭈그려 앉아 커미션(서브컬처 플랫폼에서의 작업 의뢰 보수를 의미하는 말)에 따라 곧 마감을 앞둔 그림을 그리다 집으로 갔다.

"집에 도착했는데 트위터에 뭐가 올라와요. '지금 남태령으로 가야 된다' 하면서. '뭔 일이지' 하면서 계속 봤거든요. 처음에는 '그렇게 큰일이겠어' 싶어서 유튜브로 생중계를 봤는데 계속 일이 커지는 거예요. 대중교통은 이미 끊긴 시간이라 그냥 지켜보면서 날밤을 새웠어요. 그러고는 새벽같이 현장으로 갔어요."

세간에 널리 화제가 되었던 당시 서연의 자유 발언은 실은 미리 준비된 것이 아니었다. 그날 누군가 발언하던 도중 '중국'인가 '일본'에 관한 얘기를 했고, 청중들 사이에서 '짱깨'라는 말이 터져 나왔다. '짱깨'라는 그 말은 집에서부터 밤을 꼬박 새운 데다 추위 때문에 정신이 없던 와중에도, 서연이 도저히 지나칠 수 없는 단어였다.

"남태령 때는 사람들이 슬슬 자기 성 정체성 이야기, 젠더 이야기 등등 이것저것 나누던 시기잖아요. 여기도 1명쯤은 외국인이 있을 수 있지 않을까 했어요. 나도 있는데…."

그렇게 오른 단상에서 서연은 중국인 부모를 둔 자신의 뿌리와 자신을 살게 해준 이 땅을 사랑하는 마음을 설명하며 "존재를 부정당하는 이들이 자신답게 살아가는" 세상을 염원했다.

철야 집회를 이어가던 어느 새벽녘,
하늘을 바라보니 북두칠성이 빛나고 있었다(ⓒ최서연).

아래는 그날 발언의 전문이다.

"안녕하세요. 저는 어젯밤 실시간 뉴스를 보면서 함께 밤을 새우다가 인천에서 출발하는 1호선 첫차를 타고 달려 나온 어쩌면 평범하지만은 않은 대한민국 대구광역시의 한 산부인과에서 태어나 대한민국에서 자란 중국인입니다. 비록 제 뿌리는 이 땅에 있지 않으나 여러분과 같은 주민등록증이 있으며 지문이 등록된 대한민국의 국민입니다. 제가 중국인인 사실을 말하면 되게…. 그분들이 좋아할 소재라고 생각해서 약간 쫄렸는데요. 좀 더 생각해보니 굳이 쫄릴 게 없더라구요? 중국은 만 16세가 되면 신분증을 갱신해야 합니다. 저는 기말고사를 봐야 한다는 이유로 갱신하지 않았고, 결국 중국인인 저를 '말소'시켰습니다. 저는 눈 내리는 한겨울에도 아이스 아메리카노를 먹고, 갓 지은 흰 쌀밥과 김치와 김만 있으면 평생 만족하며 먹고 살 자신이 있는 저를 살게 해준 이 땅을 사랑합니다. 하늘과 산과 바다가 아름다운 이 반도를 사랑합니다. 1980년대 천안문에서 국가를 향해 저항하던 제 외가 친척들이 있었다면, 이 땅에는 저보다 더 한국인 같지 않은 매국노를 쫓아내고자 하는 제가 있습니다. 한국 사회에서 차별받고 혐오의 눈길을 받으며 존재를 부정당하고 있는 모든 이가, 자기 모습 그대로 당당하게 살아가기 위해! 완벽히 선하지는 못할지라도 그만큼 이해와 배려가 넘치는 민주주의를 위해! 마지막으로 한마디하겠습니

평화로운 광화문 광장을 걷는 서연.

다! 내란 동조자들은 당장 물러나라!"

이날 전한 1989년 천안문 사태 당시 사망한 외할아버지와 외삼촌 이야기는 남태령으로 향하기 직전, 엄마가 들려준 이야기였다.

"(남태령에) 경찰차가 있다는 것도 알고 계셨으니까…. 저도 외할아버지 길을 따라가지 않을까 걱정을 많이 하셨어요."

겹겹의 혐오를 뚫고, 발언대에 오른 서연에게 많은 이가 환호와 박수를 보냈다.

쏟아지는 악플들, 실은 괜찮지 않았다

남태령 이후에도 서연은 혐오 사회를 향한 발화를 멈추지 않았다. 12월 24일 광화문 집회에서도, 1월 18일의 비정규직노동자 집회에서도 연단에 올랐다. 크리스마스이브에 있었던 집회에서는 혐오로 인해 놀림을 당하던 자신의 중국식 이름과 중국어를 하는 자신을 숨겼던 과거를 밝혔다. 노동자 투쟁에서는 오늘은 일하다가 내일은 불법체류자가 되는 이주노동자의 현실을 고발하며 '인간답게 살 수 있는 최저선을 보장해주는 근로환경 조건'을 부르짖었다.

"저희 아버지가 건설 쪽에서 일하세요. 중국 이주 노동자들로 꾸린 팀의 팀장이신데, 그러다 보니 어렸을 때부터 그런 삼촌들을 자주 만나 뵀거든요. 근데 삼촌들이 매번 바뀌어요. 누구는 잡혀갔고, 누구는 일하다가 죽었고, 누구는 다쳤고…. 불법 체류도 있지만 사실 비자가 한번 살짝 까딱하기만 해도 바로 불법체류자가 되어버리잖아요? 그걸 만날 보니까…. 그 이슈에 관해서 말했어요."

남태령 이후부터 서연에게는 중국 혐오에 기반한 악플이 쏟아졌다. 서연의 'X' 계정에는 미국 중앙정보국(CIA)에 신고하겠다는 얘기부터 중국 국가 주석인 시진핑의 얼굴을 태우는 사진 등이 '인용'과 댓글로 달렸다.

괜찮을 줄 알았고 괜찮은 줄 알았지만, 실제로는 괜찮지 않았다. 그는 〈PD수첩〉 방영 직후 '남태령 동지'인 후주를 통해 당시의 심경을 토로했다. "가끔은 집 밖으로 나가기 벅찰 정도의 공황장애가 올라와 자신을 극단적인 선택에서 지키기 위해서라도 도망쳐야 했다"라고. 그렇게 그는 3월 1일, '위아더해군' 계정을 삭제했다.

'혐중'이라는 이름의 혐오와 미세 공격

윤석열 전 대통령은 비상계엄 선포 이후 12월 12일 대국민 담화에서 "지난 6월 중국인 3명이 드론을 띄워 부산에 정박 중이던 미국 항공모함을 촬영하다 적발된 사건이 있었다. 지난달에는 40대 중국인이 드론으로 국정원을 촬영하다 붙잡혔다"라면서 "이런 상황을 막기 위해 형법의 간첩죄 조항을 수정하려

했지만 거대 야당이 완강히 가로막고 있다"는 주장을 폈다. 이후 헌법재판소의 재판 과정에서도 중국인 간첩이 부정선거에 개입됐다는 식의 변론을 이어갔다. 탄핵 반대 세력들은 이를 이어받아 "탄핵 찬성 집회에 중국인이 대거 참여하고 있다"는 음모론을 펼쳤고, 파면 이후에도 윤 전 대통령을 지지하는 청년 단체가 서울 건대입구역 부근 양꼬치거리에서 대대적인 '혐중' 시위를 벌여 종업원과 마찰을 빚었다.

'동아시아적인 외모'를 가진 서연은 직접 밝히지 않는 한 이주 배경 2세임이 드러나지 않는다. 중국과의 연관성도 마찬가지다. 그러나 사람들 많은 장소에서 가족들과 중국어를 쓸 때, 저 사람이 우리 엄마를 흘겨보지나 않는지 절로 긴장하게 된다고 털어놓았다. 중국집 갈 때 "짱깨집 들어가자"고 하거나 차이나타운을 언급하며 "거기 가면 인신매매 당하는 것 아니냐?" 같은 말들을 숨 쉬듯 듣게 되는 일상은 그야말로 혐오의 일면일 뿐이다. 그렇기 때문에 서연에게 내란 국면에서 불거져 나온 극우 세력의 혐중 시위는 새삼스러운 일이 아니었다.

윤석열 퇴진 광장을 계기로 그는 이주민들을 위한 오픈 카카오톡 채팅방을 만들었다. 중국, 타이완, 홍콩, 일본, 베트남 등 다양한 출신 배경을 가진 이주민과 이주민 2세, TCK[*] 40명가

---

[*] Third Culture Kids. 성장기 동안 2개 이상의 문화적 배경을 경험하며 자란 사람들.

량이 있는 방이다. 주로 '오늘 먹은 점심 메뉴'처럼 소소한 일상을 나누는 공간이지만, 한국인들의 이주민 차별을 비판하는 목소리도 자주 올라온다. '너희를 받아준다'는 식의 시혜적인 태도, 일종의 '미세 공격'*이야말로 서연을 가장 화나게 하는 부분이다.

"차라리 그냥 면전에 대고 차별하는 건 그렇게까지 화나진 않아요. 그냥 '그럼 그렇지' 싶으니까요. 그런데 자기가 '너희를 위해서 무얼 해준다'라거나 혹은 '내가 인정해줄게' 하는 식의 시혜적인 태도엔 정말 화가 나요."

비슷한 경험은 남태령에서도 있었다. 자유 발언을 마쳤을 당시 서연에게 쏟아진 많은 말 가운데 "괜찮다, 한국인이다"가 있었다. 호의에서 비롯된 말임을 알고 있지만, 서연은 그 말이 마냥 달갑지 않았다. 한국인, 중국인, 이주민, 외국인 등등 구분 짓는 말보다는 한 명의 사람, 그 자체로 받아들여지기를 바라기 때문이다.

"제가 원하는 건, 어느 나라 사람으로 보는 게 아니라 그냥 저라는 사람 자체로 봐주는 거예요. (한국인이라며) 어느 나라 사람이라고 단정 짓는 게 그렇게까지 기분이 좋진 않아요. 하지만 상황도 상황이고, 당시의 분위기도 있으니까 그땐 그냥

---

* Micro-aggression. '아주 작은'을 의미하는 마이크로(micro)와 공격(aggression)의 합성어. 특정 개인이나 집단에 대해 무의식적이거나 간접적으로 행해지는 차별과 공격.

받아들였어요."

일상적인 '디아스포라'의 경험

중국 출신 부모님을 둔 서연은 대구에서 태어나자마자 중국 친척 집에서 4년을 보낸 후 한국으로 돌아와 지금까지 살았다. 중국어와 한국어 모두 능숙하지만, 욕을 할 때는 한국어가 더 편하다고 했다. 두 문화권의 영향을 동시에 받은 서연에게 '디아스포라' 감각은 특별한 게 아니라 거의 일상에 가깝다. 그의 설명을 듣고 있자니 그것은 결국 '준거집단을 어디에 두느냐'의 문제처럼 여겨졌다.

"말로 딱 표현하기는 좀 어려워요. 그냥, 늘 느끼는 건데 뭔가 '다른 거래' 같은 느낌이랄까요."

서연은 얼마 전 외국 식료품점 앞을 지나며 느꼈던 감정을 그렇게 설명했다. 일하는 사람들이 누가 봐도 '외국인'이었는데, 마주치며 지나가는 순간 묘한 기분이 들었다고 했다.

"'어느 나라 사람'이라는 감각을 갖고 있느냐"는 질문에 그는 "아니요"라고 잘라 말했다.

"중국인이라기엔 저는 한국에서 너무 오래 살았어요. 근데 또 한국인이라기에는…. 저는 어렸을 때 밥에다 숟가락을 꽂으면 안 되는 이유를 몰랐어요. 숟가락을 밥에다가 수직으로 세우면 죽은 사람한테 주는 제삿밥이라고…. 한국 부모님들이 건

너건너 알려주는 그런 문화들을 저는 잘 모른단 말이에요."

한국에서 초·중·고등학교를 다니며, 서연은 일찍이 정치적인 일들에 꽂혔다. 초등학교 5학년이던 2016년에 열린 박근혜 퇴진 광장이 서연에게는 인생 첫 집회였다. 당시 다문화 어린이 합창단 소속으로 연습 장소인 서울 명동에 자주 오가던 서연은 집회 장소였던 서울시청 근처를 항상 지나쳐왔다.

"세월호 사건이 있었잖아요. 애들도 알 건 다 알아요. 저도 그때 얼마나 부당한 일이 벌어진 건지 알고 있었고, 대통령이란 사람이 어떤 잘못을 했는지도 알고 있었어요. 지금 초등학생들도 똑같이 느끼고 있을 거예요."

혐오는 늘 교차적이다

한국 사회에서 이주민을 바라보는 시선은 여성을 향한 인식과 비슷한 측면이 있다. 특히 출산율 저하와 노동력 부족을 해소할 수단으로 이주민을 언급하는 기능주의적 관점이 그렇다.

"이주민을 받아들여야 하는 이유가 출산율 때문이라면, 그 이주민은 사람이 아니라 그냥 자궁이라는 거잖아요. 여성도 아니고요. 그러면 그 이주민 여성에게는 뭐가 남는 걸까요?"

여성과 이주민이라는 두 정체성을 모두 갖고 살아온 서연은 이중의 차별을 겪으며 성장했다. 그런데 정작 자신에게 더 큰 상처를 남긴 이들은 남성이 아니라 여성이었다. 남자애들한테 당한 일은 그대로 갚아주면 되었다. 그러나 여자애들한테 당한 건 두고두고 가슴에 남았다. 그의 준거집단이 여성이었기 때문이다. 초등학교 6학년 때 같은 반 여자아이가 서연을 대상으로 '케이크*'를 하려고 준비했던 일을 서연은 지금도 기억하고 있다. 그가 중국인이라는 이유 때문이었다.

"'돈이 없어서 실패했다'고 들었어요. 그런 것도 있었고 '중국어 하면 친구해주겠다'고 해서 열심히 중국어 하면서 광대짓 했던 적도 있고…."

서연은 'X'에서 종종 여성들에게 인종을 이유로 차별당한 경험을 이야기해왔다. 그럴 때마다 여성들로부터 심한 공격을 받았다.

"사실 그런 차별(인종 차별)에는 여성도 남성도 없단 말이에요. 제가 '여자는 인종 차별 안 한다' 같은 말에 뿔나서 어렸을 때 여자한테 당한 얘기를 하면 '왜 남자한테 받은 차별은 얘기를 안 하냐'고 해요. 인알(인용 알티)로다가 '그러면 한국 남자랑 평생 살고, 한국 남자한테 뭘 당해도 우리가 안 도와줄 테니까 알아서 살아' 이런 식의 글이 달려요. 그걸 다 '캡박'(캡처 박제)해 가지고 하나하나 올리면서 '이렇게 말해서도 저는 계속 여성과 연대를 할 겁니다'라고 올렸던 기억이 나요. 어찌 됐든

---

*   피해자의 무릎을 꿇려 밀가루와 달걀, 까나리 액젓 등을 던지는 폭력 행위.

그 사람들도 여자고, 무슨 일이 일어나면 일단 저도 여자니까 도와야 하는 거잖아요."

윤석열 '찬탄' 광장에서도 인종 혐오는 있었다. 2월 15일 광화문 집회에서 '다음카페 여성시대' 명의의 입간판에는 '이 음식은 탄핵 찬성 집회에 참여하는 한국의 민주 시민에게만 제공됩니다. 외국인에게는 제공하지 않습니다'라고 4개 국어로 적혀 있었다. 그 전주인 2월 8일 일본에서 평화헌법 수호 운동을 하는 히시야마 나호코 씨가 집회 연단에 올라 연대 발언을 전했을 때도 'X'상에서는 일본인에게 마이크를 쥐어줬다며 '비토' 여론이 있었다.

"그날(2월 15일) 아파서 집회에 못 나갔는데요. '나 가면 오늘 밥 못 얻어먹겠다' 그런 생각을 했어요. 그렇게 하는 건 본인들 의지니까요. 자기들 돈 나가는 거고, 그 입간판을 만드는 것도 음식도 다 돈이잖아요. 그냥 그 사람들 알아서 돈 쓰고 싶은 대로 쓰되 쪼잔해 보이는 건 어쩔 수 없다…."

혐오를 향한 대책과 방책

혐중을 비롯한 여성혐오, 이주민 혐오, 장애인 혐오 등의 목소리에 어떻게 대처해야 할까. 피해 당사자인 서연의 개인적인 방책은 관심을 주지 않는 것이다. 그러나 사회적 차원의 대책으로는 처벌과 교육이 필요하다고 본다.

"가장 확실한 방법은 처벌이지 않을까요. 하지만 그거랑 별개로 조금 더 교육이 이루어져야 하지 않을까 싶어요. (극우 세력에) 젊은 사람과 어린 사람이 많잖아요. 그들에게 교과 과정부터 좀 더 제대로 된 교육을 해야 하지 않을까요?"

파면 이후의 정치에 가장 바라는 점은 뭐니 뭐니 해도 민생을 살리는 일이다.

"저희 어머니가 자영업을 하시는데 작년에 비해서 돈이 너무 안 벌린대요. 경기도 좋게 해야 하고, 취업 자리도 만들어야 하고요. 취업도 취업이지만…. 정말 어디부터 고쳐야 하지?"

광장에서 터져 나온 성평등을 갈구하는 목소리가 대선 국면으로 가면서 많이 지워진 것 또한 현실이다.

"좀 낭만적인 이야기일 수도 있지만, 마이크를 쥐는 여성들이 더 많아져야 해요. 그래야 정치인들이 알게 되죠. 여성에게 어떤 이익을 주면 그게 결국 나라를 얼마나 부강하게 만들 수 있는지를요."

서연은 여성의 정치적 대표성과 참여가 단지 상징적 차원을 넘어서 실질적 국가 경쟁력과 직결된 문제라고 믿는다.

"여성도 결국 사람이잖아요. 사회에서 일하고, 돈을 벌고, 세금도 내고…. 그런데 정치인들이 말하는 '국민', '사람' 속에는 늘 여성이 빠져 있어요. 이 나라 인구의 절반이 여자인데, 그 여성들이 일할 기회를 주지 않는다는 건 경제적으로도 엄청난 손해예요. '그걸 왜 모를까?' 싶은 생각을 자주 했어요. 이슈를 다루는 방식도 보면, 좀 멍청하다는 생각이 들고요."

  수많은 인파 앞에서도 막힘 없이 말하던 서연은 '대책이 뭐냐'는 질문에는 자주 답답함을 호소했다. 하지만 그 해답은 어쩌면 멀리 있지 않을 것이다. 그녀가 광장에서 쏟아낸 수많은 말 속에 이미 실마리가 담겨 있을 테니까.

TK의 딸은 늘 광장에 있었다
_93년생 하

정치권이 대대로 사용해온 '갈라치기' 전략은 한국 사회에 지역주의의 형태로 뿌리를 내렸다. 그 대표적인 피해 지역은 호남이다. 극우 남초 커뮤니티의 시초로 불리는 '일간베스트'에서 호남 특산물인 홍어가 혐오의 밈으로 쓰인 것도 이러한 맥락과 맞닿아 있다. 앞서 수하와 진행한 인터뷰에서 나타났듯이 광주로 몰려든 극우 세력이 "광주 빨갱이들 다 어디 갔느냐"며 호통을 치고, "언제까지 속고 살 것인가"라며 계몽하듯 구는 것 역시 지역혐오의 일환이다.

그러나 지역혐오는 호남에만 국한되지 않는다. 나는 윤석열의 비상계엄 선포와 내란 국면 속에서 TK(대구·경북)를 향한 다층적 혐오의 양상에 주목하고 있었다. 2025년 3월, 경북을 뒤덮은 대형 산불 이후 극우 세력 일부는 "안동이 이재명 고향이라 불났다"는 막말을 내뱉었다. 민주당 지지자들 가운데서도 혐오적인 발언이 쏟아졌다. 안동의 이재민 대피소를 찾은 당시 이재명 민주당 대표에게 한 이재민이 "왜 이제 왔느냐"며 항의하는 장면이 보도되자 일부는 "저 동네에 2찍*들만 있어서 벌받는 거다"라는 식의 극언을 서슴지 않았다.

한편 퇴진 광장이 열리던 초기부터 'TK의 딸들'이 주목 받기 시작했다. "TK의 콘크리트는 TK의 딸들에 의해 부서질 것이다"라는 대자보가 대구 집회에 등장하여 화제가 됐기 때문이다. 해당 대자보의 글귀를 적은 피켓을 드는 'TK의 딸 챌린지'가 줄을 이었고, 대구·경북 지역에서 윤석열 퇴진을 부르짖는 청년 여성들을 조명하는 기사가 연일 보도됐다.

그러나 윤석열의 파면 이후 6·3 조기 대선 국면으로 접어들자 다시금 TK는 '보수의 심장'으로 환원됐다. 그 와중에 'X'에서 언론이 TK를 오로지 보수 지역으로 상정하고 지역민들에 마이크를 건네는 일에 대한 논란이 가중될 때, 154만 조회수를 기록한 트윗이 있었다.

"나도 서울에서 인터뷰 요청을 받았는데 TK의 딸로서 현재의 내란 사태에 부채감은 없냐길래 '아니요? 대구경북 윤석열 표 다 합친 것보다 서울에서 나온 윤석열 표가 더 많지 않나요?' 하니까 그 후로 질문 안 함."**

실제로 20대 대선 당시 서울의 윤석열 득표수는 325만 5천

---

*   2022년 20대 대선 당시 기호 2번 윤석열에 투표한 사람을 이르는 멸칭.
** https://x.com/haea22412/status/19149076633919669547

747표로, 대구·경북에서 나온 득표수 247만 8천810표보다 78만 표가량 많았다. 그런 만큼 앞의 트윗은 늘 TK 사람들을 '보수 지지자'만으로 호명하는 미디어에 날린 통렬한 한 방이었다.

이 트윗의 주인공 '햐'는 오프라인 광장에서도 마이크를 잡았다. 시민 발언대에 올라 윤석열 퇴진과 함께 지역혐오에 대한 항의를 이어갔다. 그를 5월 12일 줌으로 만났다.

"안녕하세요. 대구에 거주하는 93년생 여성 직장인입니다."

나도 모르는 사이 '계엄 세대'가 됐다

대구에서 나고 자란 햐는 공공기관 등을 대상으로 설문조사를 시행하며 리서치를 설계하고 분석하는 직장인이다. 초·중·고교 시절을 모두 대구에서 보냈고, 20대 초반 서울에서 잠시 머물렀던 기간과 대전에서 대학을 다닌 시기를 제외하면 대부분의 삶을 대구에서 보냈다.

비상계엄이 선포된 지난해 12월 3일 밤, 그는 어머니와 함께 채널A의 〈강철부대W〉를 보고 있었다.

"그날이 준결승 날이었거든요. 팀의 승패를 가르는 타이밍에 갑자기 자막으로 '비상계엄 선포'가 뜨는 거예요. 처음엔 믿기지 않았어요. 너무 당황스러워서…. 프로그램은 계속 진행되는데 하나도 눈에 안 들어와서 곧바로 뉴스를 틀었어요. 군용차가 시내를 다니고, 계엄군이 국회에 들어가고, 시민들한테 총을 들이대는 장면이 실시간으로 나오더라고요. 제가 그런 장면을 언제 보겠어요? 저는 계엄을 겪은 세대도 아니었는데…. 아, 이제는 계엄을 지나온 세대네요. 그러니까 소위 말하는 그 민주화 세대는 아니지만요."

역시 대구에서 나고 자란 어머니는 민주화 세대로서 그날 밤 누구보다 격하게 분노했다.

"저보다 훨씬 더 많이 화를 내셨어요. 평소에는 정치에 큰 관심이 없는 분인데, TK 지역의 보수성은 늘 못마땅해하셨어요. 그렇다고 민주당 지지자는 아니고, 그냥 정치를 멀리했던 분이십니다."

중계를 지켜보며 하는 한동안 말을 잃었다. 소위 '멍쩌서 아무 말도 못 하는' 상태가 계속됐다.

"그런 장면은 영화나 교과서에서나 볼 수 있는 건 줄 알았거든요. 그런데 그게 지금 눈앞에서 라이브로 송출되고 있으니까 너무 비현실적인 거예요. 그런데 정작 더 충격적이었던 건 그 이후에 밝혀진 사실들이었어요. 군인들한테 실탄이 지급됐고, (육군이) 영현백(시신을 임시 보관하기 위한 군수품)을 주문했고, 계엄 당일 광주를 제외한 전 지역에 계엄사가 설치된 정황이 밝혀졌잖아요. '정말 정부가 국민을 죽이려고 했구나. 이런 정부는 그냥 두면 안 된다.'는 생각이 들었습니다."

그날 밤 이후로 하는 〈강철부대W〉를 볼 수 없었다. 〈강철부대W〉 4강에 오른 팀 가운데 특전사와 707부대가 있었는데, 그날 계엄으로 국회에 출동한 부대 가운데도 특전사와 707이 있었기 때문이다.

"그 이후에는 도저히 그걸 예능으로 볼 수가 없더라고요."

TK도 여성도 놓을 수가 없어요

하는 내란 국면에서 열린 집회에 20회 이상 참석했다. "국회로 와달라"는 요청에 따라 비상계엄 선포 직후 첫 주말인 2024년 12월 7일, 서울 여의도 광장으로 향했고, 이후에는 주로 대구 동성로 시국대회에 참여했다. 서울에서 열린 '3·29민중의행진'에도 다녀왔고, 경북 구미로 향하는 '옵티칼 희망버스'에도 몸을 실었다. 그가 늘 함께했던 것은 아이돌 그룹 원어스의 응원봉 '달빛'이었다. 그 응원봉에는 'TK의 딸은 늘 광장에 있었다'는 문구가 적혀 있었다.

"저는 TK라는 정체성도, 여성이라는 정체성도 놓을 수가 없어요. 일단 태어나 보니 여성이고, 또 TK인 것도 태어나 보니까 대구인 걸 제가 어떻게 할 수 있는 게 아니잖아요. 그리고 두 정체성 모두, 살아가면서 수많은 편견에 맞서야 하는 운명이라고 생각했어요. 특히 투쟁 현장에서 TK 여성이라는 건 또 다른 의미를 갖거든요. 전체 여성 중에서도 잘 보이지 않는 위치

TK의 딸은 늘 광장에 있었다(ⓒ하).

에 있고, 퇴진 운동 같은 장에서도 가려져 있다고 생각했어요. 그래서 말 그대로 '여기 있었다. 원래부터 있었고, 지금도 있고, 앞으로도 이 자리에, 이 광장에 있을 것이다'라는 의미로 문구를 썼습니다. 소결님('TK 콘크리트는 TK의 딸에 의해 부서질 것이다' 대자보 작성자) 대자보에서도 영향을 받았고요."

하의 체감에 따르면 대구의 탄핵 찬성 집회 참가자 중 40%는 2030 여성들이었다. 이 수치는 광주에서 꾸준히 집회에 참여한 수하도 똑같이 언급한 바 있다. 참고로 국회가 윤석열 탄핵소추안 표결을 처음 시도했던 2024년 12월 7일 여의도 집회에서 서울시 생활인구 통계를 토대로 추정한 2030 여성 참여율은 29.7%였다.[*] 같은 시기 경남 창원광장에서 열린 집회를 취재한 김연수 《경남도민일보》 기자는 "집회 관중의 70% 이상이 여성"이었고, 특히 20대 여성 비율이 서울보다 높았다고 전한다.[**]

이처럼 많은 여성이 광장에 나왔지만, 그 과정은 결코 순탄하지 않았다. 깃발이나 피켓처럼 정치적 표식을 드러내며 거리로 나서는 일은 여성들에게 특히 높은 심리적 장벽으로 작용한다. 정치적 성향의 차이뿐 아니라 여성이라는 이유로 젠더폭력의 대상이 될 수 있다는 두려움 때문이다. 실제로 서울 집회에

---

[*] 이수민, 앞의 기사, 《경향신문》, 2024/12/12.
[**] 김연수, '행동하는 여성들과 졸렬한 남성들', 《미디어오늘》, 2024/12/17.

대구 동성로에서 열린 시국대회에 참가자들이 가져온 인형들(ⓒ햐).

참석한 여성 기수 가운데 하나는 어느 남성으로부터 '어깨빵'을 경험했다고 말했다.

'TK의 딸' 대자보를 쓴 소결 역시 인터뷰에서 "집회에 갈 때마다 떨리는 마음을 부여잡고 간다"며 "버스 정류장에 서 있으면 사람들이 글(대자보)을 자세히 읽어볼까 봐 무섭다"고 심정을 토로한 바 있다.* 서울에서도 상황이 만만치 않았지만, 보수 성향이 강한 대구에서는 그 불안감이 더 컸을 것이다. 햐 또한 비슷한 두려움을 안고 있었다.

"응원봉은 가방에 넣고 갈 수 있으니까 괜찮지만, 피켓을 들고 오는 분들은 아무래도 걱정이 되죠. 가방에 달린 윤석열 퇴진 배지 때문에 시비가 붙지 않을까, 괜히 노출됐다는 이유로 누가 험한 말을 하지 않을까…. 늘 그런 생각이 들었어요. 그래서 저는 집에 돌아오면 제일 먼저 '오늘 오셨던 분들 무사히 귀가하셨나' 하고 SNS로 확인하는 게 루틴이 됐어요."

마치 여성혐오 사회에서 젠더폭력의 두려움을 상시로 느끼는 여성들이 서로의 귀갓길을 챙기듯 비슷한 맥락으로 광장 동지들의 귀가를 챙겼다는 이야기였다.

---

* 최나현·양소영·김세희, 『백날 지워봐라 우리가 사라지나』, 오월의봄, 2025, 49쪽.

대구여성회 주최 기수 체험에 참가해 깃발을 들어보이는 햐(ⓒ햐).

TK의 딸들은 '개념녀'가 아니다

하는 2016년, 또래보다 조금 늦게 대학에 입학했다. 직전 해부터 시작된 '페미니즘 리부트' 흐름 속에서 그는 페미니스트가 되었다. 물론 그 시기를 거친 여성이라고 해서 다들 페미니스트가 되는 것은 아니다. 하에게는 20대 초반부터 아르바이트를 하며 겪은 여성혐오가 결정적 촉매였다.

"대형마트 주차장 알바를 했거든요. 유니폼이 남자는 바지 정장인데 여자는 치마예요. 겨울에는 니삭스에 짧은 치마를 입고 안내하는 일이었는데, 운전자 대부분이 남자가 많다 보니 추파를 던지는 경우가 많았어요."

그의 첫 집회는 2016년 5월, 강남역 여성혐오 살인사건 추모 집회였다. 서울 강남역과 지역 추모 공간에서 그는 포스트 잇에 메시지를 써 붙였다. 이후에도 2018년 불법 촬영 편파 수사를 규탄하는 '불편한 용기' 시위, 2024년 9월 딥페이크 성착취 반대 시위 등 서울 혜화역에서 열린 여성 의제 중심의 집회에 꾸준히 참여해왔다.

그렇기에 하는 윤석열 퇴진 광장에서 지역 내 정치적 분투와 더불어 대외적인 지역혐오, 그리고 여성혐오에도 동시에 맞서야 했다. 그는 'TK의 딸'이 조명되는 흐름 자체는 긍정적이라 보면서도 여성들을 '개념녀'로 보는 프레임에는 반대했다. 페미위키에 따르면 '개념녀'란 처음엔 '개념 있는 여성'이라는 문자 그대로의 의미로 사용되다가 이후 '가부장적이고 전통적인 주류 남성 사회가 원하는 여성상에 맞는 언행을 하는 여성'으로 재정의됐다. 햐는 'TK의 딸'들을 '보수의 심장' 한가운데서도, '윤석열 타도'를 외칠 줄 아는 개념 있는 여성으로 비추는 것은 여성혐오이자 지역혐오의 한 갈래라고 봤다.

"'개념녀'라는 게 사실 그렇잖아요. 여자들은 사치 좋아하고, 남자한테 '빨대' 꽂으려 하는데 '너는 안 그래' 하는 것처럼. TK 사람들 만날 윤석열 지지하고 그렇지만 'TK의 딸은 또 안 그래' 하면서 예외로 소비되는 느낌이에요. 그게 결국 저희를 타자화하는 거고요. 'TK의 딸'에서 'TK'를 빼놓을 수 없는데, 그런 식의 개념녀 취급은 TK에 대한 지역혐오에서 하나도 벗어나지 못한다고 생각했었어요."

햐의 인터뷰가 기사로 보도된 뒤 네이버와 《오마이뉴스》 등의 포털에는 다양한 악플이 달렸다. "무지, 무식의 상징 2찍 험지에서 고생 많으시네요" 같은 '개념녀' 취급부터 전혀 상관없는 다른 지역을 비하하며 '선동과 날조의 상징'이라 일컫는 댓글도 있었다. 한국 사회에 뿌리 깊은 지역혐오가 상대를 공격하는 식으로 터져 나오는 형국이었다.

말벌 동지는 '어떻게' 만들어지는가

윤석열 퇴진 광장에 참여하며 햐는 이른바 '말벌 동지'가 됐다. 사측의 노조탄압과 종교강요 행위에 항의하는 대구의 성서공단 태경산업 집회에도 갔고, 희망버스를 타고 고공농성을 하는 경북 구미 한국옵티칼하이테크의 해고노동자 박정혜·소현숙과 연대하러 가기도 했다. 인혁당사건 50주기 시민대회와 세월호 11주기 추모 집회, 전국장애인차별철폐의날 집회에도 다녀왔다. TK 지역뿐 아니라 서울 명동의 세종호텔 해고노동자 고진수, 을지로 한화그룹 본사 앞 금속노조 거제통영고성조선하청지회장 김형수가 있는 고공 농성장에도 갔다. 어려움에 처한 수많은 얼굴과 마주하는 과정이었다.

연대가 필요한 곳이면 달려가는 '말벌 동지'는 어떻게 태어나는 것일까. 아니, 어떻게 만들어지는 것일까. 햐는 광장에 가는 이유를 "연대에서 오는 '임파워링'(empowering·북돋아주다) 때문"이라고 했다.

"'나랑 같은 생각을 하는 사람들이 이렇게 많구나' 하는 소속감 때문인 것 같아요. 광장에 나가면 혼자서는 하기 어려운, 제 틀을 깨는 경험을 하게 되거든요. 사실 저는 원래 나서서 발언하거나 주목 받는 걸 별로 좋아하지 않았어요. 그런데 여러 사람 앞에서 제 의견을 말하고, 환호와 응원을 받는 게 앞으로의 나한테 정말 큰 용기를 줬어요. 예전에는 남 눈치를 많이 보는 편이었는데, 이제는 그런 것도 벗어나게 됐고요."

햐는 두 번, 광장의 발언대에 직접 섰다. 한 번은 3월 29일 서울 광화문에서 열린 범시민대행진이었고, 또 한 번은 파면 선고 하루 전날 대구 동성로에서 열린 집회였다. 오히려 서울보다 고향인 대구에서 마이크를 잡는 것이 더 떨렸다.

"서울은 (단상에) 올라가도 아는 사람이 없잖아요. 그래서 덜 떨렸는데, 대구는 몇 달 동안 함께한 동지들이 바로 앞에 있으니까…. 더 떨렸던 것 같아요. 그래도 파면 선고일 전날이라 아웃팅에 대한 걱정은 좀 덜했던 같아요. 워낙 큰일을 앞두고 있다 보니까 '당장 내일 (파면) 안 되면 어떡하지' 하는 걱정이 더 컸고요. 아직 우리 사회에는 '페미'라는 말에 쉽게 낙인을 찍는 분위기가 있어서 망설임도 있었지만, 그날만큼은 두려움을 떨쳐내고 올라서야겠다는 마음이 들었습니다."

서울의 광장에서 하는 이렇게 말했다.

"누군가는 '쌍도는 답이 없다'고 합니다. 특히 이번에 발생한 경북 산불을 두고 '경북은 불타도 할 말 없다'는 사람들도 있습니다. 모든 대구경북 사람들이 그런 것은 아니라고 말씀드리고 싶은 것이 아닙니다. 지금 이 순간에도 저의 동지들이 대구 동성로에서 윤석열 파면을 외치고 있습니다. (중략) 안전하게 일할 수 있는 세상을, 성별이나 장애나 학력 등 어떤 이유로든 차별하지 않는 세상을 만들기 위해서입니다. 여러분도 같은 마음이시죠? 그리고 그 세상은, 누군가는 특정 지역에 산다는 이유로 불에 타 죽어도 되는 세상은 아닐 것입니다."

'TK=보수의 심장'은 이제 그만

광장 이후의 정치, 파면 이후의 정치는 어떤 방향으로 가야 할까. 하는 특정 계층에 대한 혐오나 '갈라치기'를 조장하는 선동에 경계심을 가져야 한다고 강조했다.

"기자님도 그렇고, 저도 그렇고, 누구나 하나쯤은 싫어하는 게 있잖아요. 그게 다수의 공감을 끌어낼 수 있을 것 같지 않으니까 그냥 속으로만 미워하고 사는 거고요. 그런데 그걸 '나도 싫어, 너도 싫어' 하면서 다 같이 조롱하고, 싫어하는 이유까지 끼워 맞추다 보면, 결국 '너네가 싫어하는 걸 내가 없애줄게'라고 얘기하는 정치인이 분명히 나올 거란 말이에요. 그런 일이 반복되면 제2의 윤석열, 제3의 윤석열이 나올 것 같아요."

지역혐오도 역시 같은 맥락이다. 특히나 지역을 특정한 정답으로 예비하고 기능적으로 동원하는 언론과 미디어의 역할에 대해 하는 비판적 시선을 던졌다.

"특히 대구·경북 같은 경우는 '보수의 심장' 이런 식으로 많이 보도하잖아요. 걸핏하면 서문시장 와서 인터뷰해 가는데 그때마다 궁금한 게 (서울) 강남 3구나 아크로비스타 같은 데도 극우가 있을 텐데, 왜 대구 먼 데까지 와서 인터뷰를 따고 그걸 대구 시민 전체의 의견인 양 보도하는지 의문이 들어요."

그가 내 인터뷰에 응한 이유도 미디어로 필터링되는 비수도권 여성의 목소리를 직접 내야겠다는 생각 때문이었다. 이를 두고 나는 햐와 한참 대화를 나눴는데, 이야기를 하다 보니 그 이유를 알 것 같았다. 서울 일변도의 언론에서 비수도권 지역 취재는 비일상적이다. 큰마음 먹고 가는 곳에서 그 지역의 목소리는 미리 정한 기사의 '야마'(기사의 주제를 뜻하는 은어)에 맞게 취사선택하게 된다. 그렇게 소수자의 목소리는 쉽게 정형화된다. 다양성을 상실한 것으로 보여지며, 무지성의 혐의에서도 자유롭지 못하다.

내란을 거치며 여성 연대의 중요성을 느낀 햐는 대구여성회에 가입해 활동 중이다.

"제가 광장에서 느낀 점이 있어요. 비수도권 여성은 성차별에 더해 지역 불균형 문제까지 겪잖아요. 눈에 띄는 성과를 낸 여성이 아니라 그냥 비수도권에서 평범하게 직장 다니며 사는 여성들, 이런 여성들의 공동체가 필요하다고 생각했어요. 제가 혼자서 '이것도 해야 되고 저것도 해야 된다' 하면 그냥 이상한 사람처럼 보이잖아요. 그런데 공동체 안에서 그런 이야기를 꺼내면, 그래도 우리의 목소리가 되거든요. 그래서 이런 자리가 더 많이 마련되어야 한다고 생각합니다."

그러나 햐는 모든 이가 TK를 일방적인 시선으로 본다고는 생각하지 않는다. 오히려 서울 광장에서 발언했을 때, 지역혐오에 함께 분노하고 응원해준 시민들 덕분에 그는 희망을 느꼈다고 한다.

"발언대에 올라가기 직전까지도 '혹시 야유받으면 어쩌지', '응원봉 때문에 내가 누구인지 특정될 텐데, 행진 중에 누가 해코지하면 어쩌지' 그런 걱정을 했어요. 그런데 정말 많은 분이 응원해주시고, 지역혐오에 같이 분노해주셨어요. 어떤 분은 '본인도 TK의 딸이다'라며 '용기 내줘서 고맙다. 나도 대구 집회 한 번 가겠다'고 말씀해주셨고요."

광장에서 배운 앨라이 되기
_96년생 솔

윤석열 퇴진 광장에는 무지개색 '프라이드 플래그'와 하늘·분홍·흰색의 '트랜스 플래그'가 물결쳤다. 남태령 대첩 이후로는 발언대에 오른 시민들이 자신의 성적 지향과 성별 정체성을 밝히는 일이 일종의 전통처럼 자리잡았고, 전국 각지에서 모인 수많은 성소수자가 그 광장에서 '커밍아웃'했다.

솔(활동명)은 동덕여대 학생들의 민주화 투쟁에 연대하는 MTF 트랜스젠더(출생 시 법적 성별이 남성으로 지정됐지만 여성으로 정체화한 트랜스 여성)이다. 내란 국면의 광장에서 그는 학내 성폭력 문제를 제기했다가 해임된 지혜복 교사 집회를 비롯해 세종호텔·한화오션 농성장 등 크고 작은 집회에만 50여 차례 참석했다. '헤비메탈은 중금속이다'라는 깃발의 기수이자 '메탈 저항'이라는 문구가 적힌 머리띠를 동지들과 함께 제작한 말벌 동지이기도 하다.

지난 5월 20일, 그를 서울 모처에서 만났다.

"지방에서 살다가 다른 사람들이랑 비슷하게 직장 찾아서 서울로 올라온 보통 사람입니다."

'삼청교육대'를 떠올리게 하는 실체적 공포

대전에서 태어난 솔은 충남 천안, 논산 등 주로 충청 지역에서 살았다. 현재는 서울에서 프로그래머로 일한다.

2024년 12월 3일, 계엄의 공포가 전국을 덮쳤던 그 밤을 솔은 또렷이 기억한다. 당시 그는 경기 파주에서 데이트 중이었다. 카페에서 각자의 노트북으로 일을 하던 중 애인 가족의 카카오톡 단체 채팅방에 메시지가 떴다. "계엄이니까 집에 빨리 들어와라"는 어머니의 말이었다.

"제가 애인에게 처음 물어본 게 '혹시 너 뭐 잘못했어?'였어요. 진짜 계엄일 거라고는 생각하지 못하고, 시트콤처럼 부모님이 '가내 계엄령'을 내린 줄 알았어요."

서둘러 인터넷을 검색해보니, 정말 계엄이었다. 급히 차를 몰아 서울로 향했다. 애인을 먼저 데려다준 뒤 강변북로를 타고 집으로 돌아가려 했지만, 정신을 차리고 보니 서울을 지나 인천에 도착해 있었다. 갈림길을 두 번이나 놓칠 만큼 정신이 없었다.

"손끝이 차가워지면서 덜덜 떨렸어요. 힘이 안 들어갔고요. 영화 〈서울의 봄〉 보면 계엄이 선포되면서 서울이 봉쇄되잖아요. '서울로 향하다가 봉쇄돼서 못 들어가면 어떡하지' 같은 별별 생각이 다 들었고, 너무 무서웠어요."

계엄에 대한 감각은 사람마다 다르다. 역사에 관심이 많거나 영화 〈서울의 봄〉, 소설 『소년이 온다』 같은 작품들을 접해본 이들은 아무래도 계엄의 심각성을 더 예민하게 받아들일 수 있다. 그러나 다인처럼 직접적으로 가족이 계엄으로 고초를 겪은 경험이 있거나, 사회적 소수자일수록 국민의 기본권을 제한하는 계엄의 칼끝이 나를 향하리라는 감각이 강렬했다. 성소수자인 솔에게 계엄은 실체가 뚜렷한 공포였다.

"계엄이라는 게 그런 거잖아요. 국가가 자기가 원하는 목적에 맞지 않는 사람들을 삼청교육대처럼 규정하고 분류해서 자기 마음대로 처분해버리는 거. 나도 그런 대상이 될 수 있겠다는 감각이 너무 선명했어요. 재작년에 광복절 경축사에서 '종북, 공산주의 세력들은 인권활동가의 탈을 쓰고 온다'[*]는 식의 발언을 했던 사람이 계엄을 일으켰는데, 그 아래서 제가 정상적인 생활을 할 수 있을 거라는 보장이 하나도 없는 거예요."

중화권 문화에 관심이 많은 솔에게는 1949년부터 1987년까지 38년 동안 계엄을 겪은 타이완의 일이나, 2023년 5월 새

---

[*] 2023년 8월 15일 제78주년 광복절 기념사에서 당시 윤석열 대통령은 "공산전체주의 세력은 늘 민주주의 운동가, 인권 운동가, 진보주의 행동가로 위장하고 허위 선동과 야비하고 패륜적인 공작을 일삼아왔습니다"라는 발언을 했다.

벽 북한의 우주발사체 발사 소식에 서울시에서 경계경보가 잘못 발령됐던 일들이 마구 떠올랐다.

"조금 전까지 평화롭게 지내고 있다가 갑자기 이 생활이 송두리째 날아가면 이제 어떻게 해야 되지?'라는 생각이 자꾸 드는 거예요. 4·5공화국 때로 돌아가서, 국가가 지정한 어떤 대상이 돼서 유린당하고 죽거나 사람답게 살지 못하게 되거나…. 그런 생각을 하니 정말 무서웠어요."

'국가가 지정한 대상'이 무슨 뜻이냐는 말에 솔은 "계엄을 주도한 이 집단의 시각으로는…. 나는 절대적으로 어떤 무언가로 정의 당해서 유린 당하고 제대로 살지 못하는 사람이 될 수밖에 없겠구나, 라는 감각이 선명하게 남아 있었다"라고 말했다. 성별 정체성을 염두에 둔 생각이냐는 말에는 "그것도 염두에 둔 것"이라는 답이 돌아왔다.

내가 솔을 인터뷰한 기사에는, 솔이 느낀 공포를 두고 과한 반응이라는 댓글이 달렸다. 그러나 솔의 반응에는 유구한 역사적 연원이 있다. 젠더 이론가이자 정치철학자인 주디스 버틀러는 『연대하는 신체들과 거리의 정치』에서 "우리는 이해 가능한 방식으로 자신들의 젠더를 살아가고 있지 않은 이들이 괴롭힘을 당하고, 병리적 문제집단으로 취급 받거나 폭력에 노출될 위험이 매우 크다는 것을 알고 있"*다고 썼다. 실제 나치 독일에서는 약 10만 명의 남성 동성애자들이 체포되었고, 5천 명 이상이 강제 수용소에 투옥되는 등의 고초를 겪었다.

멀리 갈 것도 없이 1980년 5월 31일 전국 비상계엄 하에서 전두환 신군부는 사회정화 정책의 일환으로 군부대 내에 삼청교육대를 설치했고, 원인도 모른 채 끌려간 이들 중 일부는 아직까지 피해를 호소하고 있다. 당시 계엄포고 제13호에 따라 검거된 대상은 '개전의 정이 없는 자', '주민의 지탄을 받는 자', '사회풍토 문란사범', '사회질서 저해사범' 등 모호하고 자의적인 기준에 따라 분류된 이들이었다. 솔의 표현대로 '정의 당해서', '유린 당한' 사람들의 역사인 것이다. 그러한 역사를 감안할 때 솔이 느낀 공포를 단순히 엄살이나 호들갑으로 치부할 수 있을까.

출퇴근하듯 드나든 광장, 그곳에서 만난 사람들

계엄 이후 첫 주말 집회가 열린 2024년 12월 7일, 솔은 국회 앞 집회로 갔다. '대한너뭐돼운동본부'라고 적힌 깃발과 함께였다. 계엄을 일으킨 이에게 '네가 뭐라도 되느냐'는 항변을 담은 문구였다. 국민의힘 의원들이 단체로 퇴장하면서 탄핵소

---

* 주디스 버틀러 저, 김응산·양효실 역, 『연대하는 신체들과 거리의 정치』, 창비, 2020, 52~53쪽.

추안 표결이 불발된 그날부터 솔은 사흘간 내리 새벽녘이면 국회로 나갔다. 집에서는 답답해서 도통 일이 손에 잡히지 않아 밤마다 뛰쳐나온 것이다.

"나를 포함해서 많은 사람을 실존적으로 위협한 거잖아요. 그럼에도 불구하고 국민의힘 애들은 표결 안 하겠다고 나가고…. 상식적으로 당연하게 A라는 행위를 했으면 B라는 과정을 거쳐서 C라는 결과가 나오는 게 당연한데도, 이렇게 힘 싸움을 하고 있어야 된다는 게 어이없고 화가 났어요."

상식이 위배된 현실에 대한 분노는 앞서 군용차를 막은 다인과 남태령에서 농민들 트랙터를 막아서는 경찰들에 청년 여성과 퀴어들이 느낀 화와 비슷한 맥락이었다. 분노에서 시작한 일이었으나, 사흘 연속 나오게 된 데는 국회 앞을 함께 지킨 이들의 영향이 컸다. 새벽에도 국회 앞에는 많은 사람이 나와 있었는데, 솔과 비슷한 마음으로 투표에 불참한 국회의원들에게 국민이 지켜보고 있음을 주지시키는 '102030' 여성들이 많았다. 국회의 입구마다 무리 지어 앉은 이들은, 정기적으로 순찰도 하고 무전도 하면서 치안을 점검했다. 솔은 새벽에도 여는 마트에 들러 과자를 사서 국회를 지키는 이들과 나눴다. 그 사흘은 회사로 출근하고 국회로 퇴근하는 일의 연속이었다. 노트북을 짊어지고 가 차디찬 아스팔트 위에서 잔업을 했다.

"진짜 바지를 다섯 겹씩 싸매고 나갔어요. 그렇게 나가면 또

"네가 뭐라도 되느냐(ⓒ트위터의 '영원한 기록자')!"

핫팩 같은 것도 많이 나눠주시고요. 가면 갈수록 거기 나오는 사람들도 시설도 발전하더라고요. 이것저것 물자가 들어오고 나중에 가서는 천막까지 쳐지고…. 생각보다는 (환경이) 괜찮았던 것 같아요."

광장에서 배운 앨라이 되기

솔에게 가장 기억에 남는 집회는 발목을 다쳐 직접 참여하지 못했던 '남태령'을 제외하면, 엄동설한 속에서 윤석열의 체포를 촉구했던 한강진 집회였다. 이른바 '키세스 시위대'라고 불리던 이들의 집회에서 솔이 선명하게 기억하는 한 장면이 있다. 남성 수도회인 꼰벤뚜알 프란치스코 수도회에서 개방한 '성 중립 화장실'에서 있었던 일이다. 트랜스 여성이 여성 화장실을 이용할 때마다 '논란'이 일던 현실을 넘어 자발적으로 성 중립 화장실을 이용하겠다고 나선 여성들과 마주한 순간이다.

"저도 화장실을 이용하려고 갔는데…. 제가 젠더를 여쭌 건 아니어서 단정할 수는 없지만, 누가 봐도 시스젠더(지정 성별과 성 정체성이 일치하는 사람) 여성처럼 보이는 분들이 적잖이 서 계셨거든요. 그분들도 굳이 '성 중립 화장실을 쓰겠다'면서 이용하셨는데, 저는 거기서 좀 뭔가 많이 '받은' 느낌이 들었어요. 연대를 받는 느낌. 그러니까 당사자(트랜스젠더)가 아닌 사람이 어떤 집단에 대해 공개적으로 지지 의사를 표명한다는

록 마니아 솔의 정체성이 묻어나오는 깃발이다.

게, 당사자한테는 어떤 방식으로든 큰 힘이 될 수 있다는 걸, 그날 저는 '받음'으로써 느낀 거예요."

나는 한 칼럼에서 윤석열 퇴진 광장이 서로의 '앨라이 되기'를 배우는 장소라고 쓴 적이 있다.* 앨라이란 '특정 소수자 집단의 당사자는 아닌 연대자'를 뜻하는 말인데, 주로 성소수자 권리를 지지하는 비성소수자라는 의미로 통용되어왔다. 약자들의 투쟁 현장에 달려가는 이들이라는 의미의 '말벌 동지'도 비슷한 개념인데, 말벌 동지가 '달려간다'는 역동성에 초점이 맞춰져 있다면 '앨라이 되기'는 상태에 초점을 맞춘다.

솔이 '헤비메탈도 중금속이다'라는 깃발을 제작해 광장으로 나오게 된 계기가 바로 그날 마주한 여성들 덕이었다. 그는 2025년 1월 31일 서울 명동 세종호텔 농성장에서부터 그 깃발을 들고 나왔다. 중화권 록 마니아로서의 정체성과 함께, 극우 집회들에서 불거져 나오는 '혐중'에 대항하는 의미를 담은 행위였던 셈이다.

"중국어로 '헤비메탈'을 '중금속 음악'이라고 하거든요. 제가 깃발을 뽑을 때쯤 '탄핵 집회에 중국인들이 많이 나온다'는 얘기로 중국계·중국인 분들을 공격하는 일이 많았었는데요. 때마침 제가 자주 좋아하고 듣는 게 중화권 음악이기도 하고, 제

---

*　이슬기, '우리는 서로의 앨라이가 될 수 있다', 《여성신문》, 2025/3/25.

가 그때(한강진 집회) 받았던 것처럼, 내가 직접적으로 관련 없는 집단에 대해 지지하자는 생각으로 대놓고 한자를 크게 넣은 거예요. 근데 그게 말장난 같기도 하고 재밌더라고요."

광장에서 그들은 '아는 사람'이 됐다

솔은 2024년 12월 27일부터 동덕여대의 공학 전환 반대 집회에 5회 참가했다. 그에게 동덕여대 학생들의 투쟁은 '페미니스트로서 당연히' 연대해야 하는 일이었다.

"일단은 학교에서 비민주적으로 진행하고 있고요. 그다음에 여대라는 공간을 그런 식으로 개방하면 안 되는 거고, 지금 같은 사회적인 상황에서는 함부로 여대를 개방할 수 없어요. 이 두 가지 주장에 저도 어느 정도 동의했기 때문에 참여하게 됐던 거고…."

솔은 동덕여대 당사자가 아니었기에 더더욱 조심스러웠다. 트렌스젠더라는 정체성으로 조명 받게 되면 투쟁 자체에 부담을 줄지도 모른다는 우려가 컸다. 그러다 공식적으로 외부인의 참여가 가능하다는 사실이 알려진 12월 27일, 혜화역 집회에 처음 나갔다. 발목을 다쳐 절뚝이면서도 갔을 만큼 절박한 심정이었지만, 트랜스 여성의 존재를 문제 삼는 '랟펨'(래디컬 페미니스트)을 떠올리며 혹시라도 성 정체성이 드러날까 봐 두려운 마음이 드는 것은 어쩔 수 없었다. 그러나 그날의 집회에서 솔은 어떤 '가능성'을 보았다.

"집에 와서 보니까 저 말고도 다른 트랜스 분들이 많이 참여하셨더라고요. 어떤 분은 트랜스 상징을 가지고 참여했지만 공격을 받거나 적대적인 느낌은 받지 못했다는 후기를 남기셨어요. 그런 걸 보면서 저도 '공격 받지 않고 참여할 수 있겠다'는, 어느 정도의 가능성을 발견했어요. 아무튼 여성 사회 안에서는 크게는 같은 의견을 가지고 있는 동료 여성주의자로 볼 수도 있는 거잖아요. 충돌하는 부분에선 충돌하더라도, 서로 좀 '흐린 눈'을 하고 느슨하게 같이 갈 수 있지 않을까, 그런 생각이 들었어요."

집회에 여러 번 참가하다 보니, 자연스럽게 집회의 면면이 눈에 익었다. 국회 앞 농성장에 자주 나갔을 때와 비슷한 일이 벌어진 것이다. 어느새 동덕여대 투쟁의 당사자들이 솔에게 '아는 얼굴'이 되어버려서 외면할 수 없는 상황이 되었다.

"계속 참여하다 보면, 주최 측도 알게 되고 학생들도 알게 되잖아요. 동덕여대 집회뿐 아니라 다른 현장에서도 만나고, 개인적으로 대화도 나누게 되고요. 그러다 보니 시위 당사자들이 제게 그냥 '누군가'가 아니라 '내가 아는 사람'들이 되어버렸어요. 그 사람들을 위해서라도 더 열심히 참가하게 되더라고요. 그리고 왜 그런지는 모르겠는데, 자주 나가다 보니 처음엔 내 일이 아니었는데, 어느 순간부터 내 일처럼 느껴졌어요."

'헤비메탈은 중대사항이다' 띠를 두른 솔(ⓒ트위터의 '벽안호').

남성이라는 성별과 불화하다

탄핵 광장에서는 자신을 '논바이너리 트랜스젠더'라고 소개하는 퀴어들이 많았다. 논바이너리는 여성·남성이라는 이분법적 성별 구분에서 벗어난 정체성을 가진 사람들을 뜻한다. 한편 솔은 'X'에 "나는 어쩌다 바이너리 트랜스가 됐지?"로 시작하는 글을 올린 적이 있다. 거기에는 "힙하지 않다"는 농담 섞인 자조도 담겨 있었다.

그 짧은 트윗 하나가 내가 솔을 인터뷰하게 된 계기였다. 솔은 내가 처음으로 인터뷰한 MTF(Male to Female) 트랜스젠더다. 나는 2011년부터 젠더 이슈를 취재해왔고, 트랜스젠더 인권에 연대하는 기사와 칼럼을 꾸준히 써왔다. 어느 누구도 성별을 이유로 혐오나 차별의 대상이 되면 안 되기 때문이다.

그럼에도 불구하고 나는 트랜스젠더를 잘 알지 못했다. 주변에 당사자가 없는, 시스젠더 여성으로서 어쩌면 그것은 당연한 일이었을지도 모른다. 또 다 알아야만 연대할 수 있는 것도 아닐 터다. 당사자를 만나 이야기를 듣는다 한들, 완전히 이해하기도 어려울 것이다.

하지만 나는 혐오의 말들에 대항하는, 좀 더 적확한 언어를 찾아 헤맸다. 내가 만나온 여성들 가운데는 '페미니스트'를 자처하면서도 '화장실' 이슈는 유보적인 입장이거나 트랜스 여성을 '여성에 대한 코르셋을 강화하는 존재'로 인식하는 경우가 많았다. 나는 스스로 해소되지 않는 의문과 함께 세간의 오해와 왜곡에 대해, 솔에게 부지런히 물었다. '왜 그런가'라는 질문을 반복하며 그의 이야기를 자꾸 듣고 또 쓰는 나에게도, 그 이야기를 꺼내야 했던 그에게도 결코 쉬운 작업은 아니었다.

젠더에 관한 그의 고민은 남성이라는 사회적 성별과 불화하면서 시작되었다.

"설명하는 게 항상 어렵다고 느껴요. 스스로 명확하지 않은데, 저 같은 경우는 남성 집단, 남성이라는 성별과 저를 동치시킬 수 없는 감각이 생겨버렸어요. 어릴 때는 남성으로서 기능할 것을 기대 받으며 자랐지만, 커 가면서 남성으로 호명되거나 남성으로 집단화되고 분류되는 일이 점점 더 낯설고 이질적으로 느껴졌어요. 그런 위화감과 이질감이 제일 컸어요."

성 정체성과 관련된 위화감이란 그가 일상에서 연속적으로 겪는 일이었다. 남성 호모 소셜(Homo social·동성 사회성)이 향유하는 문화나 사고방식에서 오는 이질감 같은 것들이다. "예를 들자면 여성들을 성애적이고 단편적인 시각만으로 바라보거나, 그들을 쉽게 물화해서 바라보는 것, 젠더 간 위계나 성역할 등을 너무 쉽게 분류하고 그걸 진리인 것처럼 따르는 분위기 같은 것"이라고 그는 부연했다.

오랜 고민 끝에 그는 고등학생 시절 안드로진(Androgyne·성별 이분법을 거부하는 행동 양식인 젠더퀴어 중 흔히 '중성'으로 불리는 성별 성체성)으로 자신을 정체화했다. 이후 2~3년 전부터는 자신을 여성으로 인식하기 시작했다.

"처음부터 여성으로 정체화를 하려고 했던 건 아니었어요. 먼저 안드로진으로 정체화했고, 호르몬 치료도 젠더퀴어로서 진행했었어요. 그러다 보니 점점 사회적으로 여성으로 읽히는 삶을 살게 되고, 여성으로서 사회생활을 하는 시간이 쌓였어요. 예전에 남성으로서 여겨지고, 남성으로 사회생활을 했던 게 너무 오래전 일이 돼버린 거예요. 그때쯤 스스로를 걸플럭스(girlflux · 대체로 여성이라고 느끼지만 때에 따라 강도가 바뀜)로 정체화했고, 그 뒤로는 젠더를 고민하거나 특별한 의식을 갖지 않고 살았어요. 나중에는 그냥 '나는 여성으로 읽히는 몸을 가지고 사회생활을 하고, 대부분의 시간을 스스로 여성으로 생각하고 살고 있네, 그러면 바이너리 트랜스 여성인 건가 보다'라고 자연스럽게 받아들이게 된 거예요."

그의 말을 들으며 나는 한 가지를 떠올렸다. 성별 이분법이 강고한 사회에서 '어떻게 읽히는가'는 곧 그 사람이 '어떻게 살아가는가'와 깊이 연결되어 있다는 사실 말이다. "가만히 있었더니 여성으로 읽히는 몸을 가지고 살고 있더라"는 그의 말은 성별 정체성이 관점과 맥락에 따라 구성된다는 것을 보여준다. 그렇기에 이른바 사회적으로 '여성적'이라 통용되는 치마나 화장 같은 것에 트랜스 여성들이 관심을 두게 되는 것 아닐까.

사람은 성별이라는 단일한 정체성만으로 살지 않는다. 앞서 논바이너리 트랜스젠더인 강리가 "성별은 정체성이 아닌 관점의 세계"라고 말했듯, 솔 역시 여러 관점을 갖고 살아간다. 그가 동덕여대에 연대하는 트랜스 여성이라는 점은 분명 내가 그를 인터뷰한 이유이자 계기였다. 그러나 그의 삶에서 트랜스 여성이라는 자각은 전체 삶의 일부일 뿐이다. 비슷한 맥락에서 그는 자기 자신이나 특정한 이의 경험이 트랜스젠더 전반을 대표하듯 여겨지는 것을 경계했다.

"트랜스젠더 역시 젠더와 신체의 불화라는 공통점 하나만으로 겨우 느슨하게 묶인 집단이에요. 구성원들 사이에서도 의견이 엄청 다르고, 정말 제각각인 경우도 많아요."

'사람을 사람으로' 대하는 정치를 꿈꾼다

솔은 2030 여성들이 내란 국면의 광장에서 주축이 된 것은 그들이 사회적 약자이자 계엄의 가장 직접적인 타깃이 될 가능성이 큰 존재였기 때문이라고 말한다.

"계엄 당일 제가 느꼈던 것처럼, 사회에서 여성은 약자잖아요. 계엄은 결국 힘의 우위를 근거로 '방해되는 집단을 조직적으로 청소하겠다'는 선언과 같은 거고요. 그래서 만약 계엄이 일어난다면 정상적인 삶을 살 수 없게 될 거라는 생각을 가장 많이 했을 집단이 여성일 거라고 생각해요. 지금 세대의 여성들은 학교나 가정에서 '평등하다'는 말을 들으며 자랐지만, 실제로는 그렇지 않다는 걸 느꼈고, 거기에 순응하지 않기로 결심한 세대잖아요. 저는 계엄을 그 부조리한 현실의 연장선으로 보고, 거기에 순응하지 않고 저항하겠다는 태도가 이 세대에게 체화된 거라고 생각해요."

성소수자들이 광장에 전면적으로 등장한 맥락 또한 이와 비슷하다. 퀴어들이 적극적으로 자신을 드러내고 표현할 수 있었던 이유는 광장의 포용적인 분위기 덕분이었을 것이라고 솔은 짐작한다.

"퀴어라는 집단은 계엄이 일어났을 때 칼끝이 향할 게 분명한 집단 중 하나잖아요. 그러니까 '저항을 하든가, 유린을 당하든가' 둘 중 하나의 선택지 속에서 광장으로 나올 수밖에 없었던 사람들이 수적으로 적지 않았을 거예요. '알아두겠다'거나 '괜찮다, 문제없다'고 해주시는 분들이 있어서 '이 자리는 나의 존재를 밝혀도 괜찮은 공간이구나'라는 감각을 가졌을 거고요. 그런 분위기들이 다 같이 기능해서 누군가가 발언할 수 있는 토양을 만들어줬다고 생각해요."

'박찬대 무지개떡'과 차별금지법 논의에 이어나오는 트랜스젠더를 혐오하는 시선에 대해서도 솔은 "반복되는 플로우"라고 말했다.

"제가 진영 논리에 따라서 이걸 '랟펨이랑 무지개판의 싸움'

이라고 이야기하는 걸 경계하는 사람이어서…. 트랜스젠더와 여성 이슈가 나오기만 하면 이걸 물어뜯고 맥락을 단절하고 자기가 프레이밍하기 좋게 포장해서 어떤 플로우를 만들어내는 사람들이 적지 않다고 생각하거든요. 그런 프레임을 계속 짜다 보니까 이런 현상이 10년 넘게 계속해서 일어나고 잠잠해졌다가 다시 반복되는 거예요. 그래서 결국 남은 게 랜펨은 '너넨 여성혐오자야', 퀴어들은 '너넨 퀴어 혐오자야' 하면서 서로를 가해자로 호명하는 동시에 피해자가 되는 분위기가 여전하고요. 사실 이런 건 어느 누구한테도 도움이 되지 않아요. '무지개떡 사태'도 결국 같은 방식으로 작동했다고 생각해요. 바뀔 필요가 있어요, 이제는."

온정과 상호 부조를 조소하는 청년 남성들

남중, 남고, 공대. 일생 전반에 걸쳐 남초 집단을 경험한 솔은 '2030 남성의 극우화'라는 주장에 어느 정도 동의한다. 그 이유로 그는 신자유주의 질서 속에서 능력주의 담론이 '미래의 가장'이 될 남성들에게 더욱 공고히 각인되었기 때문이라고 말한다.

"저희 세대가 받았던 교육의 핵심은 결국 돈을 벌어야 한다는 거잖아요? 좋은 대학, 좋은 직장에 들어가서 좀 더 높은 사회 계층으로 진입해야 하고…. 그 보상에는 사회적 지위, 돈, 아내 같은 존재들이 포함될 거다…. 뭐 이런 식의 메시지를 계속 주입 받았어요. 아무래도 당시까지만 해도 돈 벌고 가정을 지탱하고, 가장의 역할을 하는 것이 남성 위주인 사회였으니까 그런 이데올로기 교육이 주로 남성에게 집중되었다고 생각해요. 그러다 보니 이 담론을 쉽게 체화한 집단도 남성이 더 많았을 거고요. 그 논리 구조에서는 돈을 충분히 벌지 못하고 사회적으로 올라가지 못한 것은 개인의 책임이 되는 거예요. 소위 '노력하지 않아서 도태된 것이다….' 반면 노력해서 상층부로 올라간 자신은 계엄 같은 국가폭력이 겨냥하는 대상은 아니라고 믿는 거고요."

그는 개인주의가 만연한 가운데 온정이나 상호 부조를 조소하는 풍토도 청년 남성들의 우경화에 한몫했으리라고 본다.

"한편으로는 남들이 광장에서 이렇게 뻥이치고 있는 동안 나는 다른 일 더 열심히 해서 위로 올라가면 성공할 수 있겠다는 생각을 가진 사람들도 상당히 많았을 거예요. 남성 집단 내에서는 개인주의가 굉장히 강한데, 그러다 보니 온정이나 상호 부조를 '가식적이다', '씹선비짓이다' 같은 식으로 조롱하는 분위기가 만연해 있어요. 그런 분위기 속에서 집회 같은 상호 부조적인 공간에 참여하기가 더 어려워졌던 것 같아요. 일베 같은 남성 중심 커뮤니티에서 그런 감각을 체화하면서 살아온 것도 영향이 컸을 것 같고요. 또 한편으로는 돈을 좇아서 문과보다는 이과를 선택하고 그러다 보니 인문학적 감수성이라든가 깊이 사유하고 철학하는 그런 능력이 결여된 경우가 많다고 생각해요."

그가 바라는 윤석열 파면 이후의 정치란 '사람을 사람으로 보는 환경을 만드는 정치'다.

"여성혐오도 결국 여성을 동등한 시민으로 보지 않기 때문에 나오는 거잖아요. 감정적이고, 이성이 결여된 존재, 뭣도 모르는 이등 시민이라고 말이에요. 성소수자도 마찬가지인 것 같아요. 흔히 '이상한 사람들', '변태'로 낙인찍잖아요. 그런데 서로를 사람으로 바라보기 시작하면, 서로의 의견을 받아들이고 타협안을 만들 수 있게 된다고 봐요. 문제는 지금, 서로의 이야기를 들을 준비가 안 돼 있다는 거예요. 정치가 해야 할 일은 그런 환경을 만드는 것 아닐까요?"

집담회

우리의 광장은 끝이 아니야

2025년 5월 25일 일요일 저녁 7시, 줌으로 '우우놀' 집담회가 열렸다. 인터뷰이 7명, 김다인, 이재정, 내향인 기수, 김지연, 김강리, 햐, 솔, 그리고 나까지 총 8명이 모였다.

6·3 대선을 열흘 남짓 앞둔 시점이었다. 후보자들의 2차 TV 토론이 끝난 직후로 국민 모두 그들의 경제·사회 분야의 비전과 네거티브 공방을 실시간으로 지켜보던 시기였다. 같은 날 낮에는 동덕여대 학생들이 서울경찰청 앞에서 본관 점거 농성과 관련해 수사 중단을 촉구하는 집회를 열었고, 덕수궁 돌담길에서는 제1회 '다시 만들 세계' 포럼이 열려 내란 국면에서 광장을 지켰던 청년·대학생·청소년 500여 명이 원탁 토론을 벌였다. 광장은 여전히 진행형이었다. '이 논의들을 어떻게 실현해나갈 것인가'라는 질문이 곳곳에서 피어나고 있었다.

'우우놀' 집담회는 기획 초기부터 염두에 둔 자리였다. 개별로 인터뷰할 당시 나는 인터뷰이들에게 윤석열 파면 이후의 정치, '2030' 남성의 극우화 경향, 반대편 광장과 공존하는 방법 등 쉽지 않은 질문을 던졌고, 이들은 광장과 일상에서 길어 올린 답을 내놓았다. 하지만 그 답들은 혼자서 말하기는 어려운 것이기도 했다.

집담회는 이들의 집단 지성을 모아 '광장 정치 이후'를 함께 모색해보자는 취지에서 마련됐다. 또한 파면 전에 인터뷰했던 다인, 재정, 내향인 기수의 근황도 궁금했다. 우리는 줌 화면으로 얼굴을 마주한 채 2시간가량 대화를 나눴다. 소리 내어 말하는 것 외에도 채팅창에서는 숱한 리액션과 스몰 토크가 끊임없이 오갔다.

기록은 말로 표현된 내용 중심으로 했으며, 여성 청년들의 발화 방식을 최대한 살리고자 사적인 대화를 제외한 대부분을 그대로 옮겼다. 이날 나눈 대화에는 다양한 고민이 뒤섞여 있었다.

"인터뷰 이후 정치적 성향이 드러난 사람으로 선을 그어오는 이들", "내가 지지하는 정당을 일상에서 대변해야 한다는 부담", "광장에서는 부조리를 외쳤지만 정작 내 삶의 부조리는 어떻게 바꾸지?", "노동조합을 만든다면 어떻게 시작할 수 있을까?" 같은 질문들이 터져 나왔다. 누군가는 참고할 만한 사례를 공유했고, 또 다른 투쟁 현장에 초대하기도 했다.

이야기는 고양이, 록 페스티벌, 퀴어퍼레이드처럼 일상적인 이야기로 자연스럽게 번져갔다. 결국 우리의 선거는 21대 대선으로 끝나지 않는다는 데 마음이 모였다. 대선 이후 3개월이 광장의 이야기를 관철시키기 위해 더욱 중요하다는 것, 그리고 록페와 퀴퍼, 『우우놀』의 출간을 경유하여 '다시 만나자'는 다짐으로 끝을 맺었다.

슬기 : 지금부터는 녹화에 들어간다고 보시면 되고요. 지연 님 고양이 너무 귀엽네요. 자유롭게 자기소개를 먼저 해주시고, 인터뷰 후에 어떻게 지내고 계셨는지 말씀해주시면 좋겠습니다. 아무나 먼저 해주세요.

강리 : 순서를 지정해주시면 더 좋을 것 같습니다. 한 사람이 하고, 다음 사람을 지목하면 어떨까요?

슬기 : 좋아요. 그러면 지금 제가 보는 참가자 창에는 저 바로 밑에 강리 님이 뜨거든요. 그럼 강리 님부터 해요.

강리 : 그렇지요. 역시 제안자부터 걸리는 것이지요.(웃음) 저는 동덕여대 문제 때문에 한참 돌아다녔던 시기도 있었고, 여전히 그러하기도 하고…. 어제도 플랫폼.C에 기고한 글*이 하나 올라가긴 했는데요. 또 제 나름의 투쟁 현장이 있다 보니까 다시 대학원생노동조합으로 돌아와서 이것저것 우다다다 하며 일들을

---

* 김강리, '자본과 사법의 폭압에 맞선 '민주동덕' 투쟁 | 학교당국, 학생 대상 형사고소 취하', 《플랫폼.C》, 2025/5/23, https://platformc.kr/2025/05/dongduckwin/

진행하고 있어요. 사실 오늘도 제가 속한 이화여대 분회에서 총회가 있었거든요. 거기서 사업 안건들을 쭉 보면서, 우리가 이번 한 해를 어떻게 꾸려갈지, 또 대학원생 노조가 최근에 양적으로 확 확장됐는데, 앞으로는 어떻게 해야 할지 계속 고민하게 되더라고요. 그리고 파면 이후에 우리가 했던 이야기들을 앞으로 어떻게 더 구체화하고 이어나갈 수 있을까, 그런 고민도 계속하고 있어요. 저는 사실 오늘 제일 궁금했던 분이 '내향인 기수' 님이셔서…. 혹시 말씀을 여쭤봐도 될지 모르겠어요. 그 깃발이 너무 멋있었거든요. 디자인이 정말 인상 깊었어요.

내향인 기수 : 감사합니다. 안녕하세요. 저는 내향인 깃발을 들었던 내향인 기수고요. 사실 이슬기 기자님과 파면 전에 뵀었는데, 파면 이후에는 주말에 칩거 생활을 다시 이어가고 있습니다. 최대한 회복 중이고요. 사실 집회에 나가느라 몸이 안 좋아졌거든요. 척추측만증이 있는데, 요즘 재활 아닌 재활을 하고 있어요. 저는 본업이 그래픽 디자이너라서 평일에는 디자이너로 일하고 주말에는 연대할 수 있는 곳에서 연대하고…. 아니면 집에서 쉬면서 회복의 시간을 보내고 있습니다. 이상입니다.

슬기 : 지목해주셔야 합니다.

내향인 기수 : 네, 그러네요. 다인 님을 지목하겠습니다.

다인 : 안녕하세요. 파면 전에 기자님 만났었는데 파면 후에 제 생활도 많이 바뀌어서…. 제 인터뷰가 약간 거짓말이 돼버린

거예요. 저는 지금 공부도 하고 있고 또 알바생으로 카페에서 일도 하는 김다인입니다. 그때 인터뷰에서 (캐나다) 워킹홀리데이 준비하고 있다고 했는데, 워홀 비자가 그 다음 주에 바로 나왔어요. 그런데 갑자기 가고 싶지 않아서…. 다시 한국에 눌러앉아 지금 수험생활을 하고 있습니다. 인생에서 좀 빗나간 길을 매번 걸어왔는데, 이번에는 다른 사람들이 하는 것 좀 해보고 싶어서 대학 편입을 준비 중인 상황이에요. 그래서 지금 영어 공부를 엄청 열심히 하고 있습니다. 편입 시험이 얼마 남지 않아서 수험생활에 집중하고 있고요. 물론 뉴스와 트위터로 열심히 연대하려고 노력합니다. 만나서 너무 반갑습니다.

슬기 : 다인 님이 워홀 안 가고 편입 준비하는 건 파면 영향이 큰 것인지요?

다인 : 그 점도 있고…. 제가 원래 다녔던 어학원을 관두게 되면서 뭔가 좀 새로운 걸 해볼까 싶었는데, 파면이 딱 된 거예요. 그러면서 '내가 이 나라에 조금 더 살아도 되지 않을까?' 그래서 올해까지는 한국에 조금 있다가 만약에 대학교에 붙지 않으면 바로 날아가는 걸로 계획했습니다. 저도 지목을…. 제 밑에는 재정 님이 계셔서 부탁드립니다.

재정 : 안녕하세요. 저는 윤퇴청에서 활동하는 이재정입니다. 저도 파면 전에 인터뷰를 했는데요, 파면되고 나서는 미뤄놨던 일상을 수습하고 있습니다. 계엄 터졌을 때 대학원 마지막 학

기 재학 중이었어요. 수료여서 학위 논문을 준비하고 있었어요. 저는 계속 '미루겠다' 하고 교수님은 '써라' 하고, 그렇게 신경 전을 계속 벌이다가 결국 쓰기로 하고 지금 학위 논문을 부랴부랴 수습 중인 대학원생입니다.

그리고 계엄 이후에 좀 바뀐 게 있다면요, 제가 원래 고양이를 키우고 있었는데 작년 2월에 본가에 잠깐 맡겼거든요. 원래는 12월쯤에 다시 데려올 생각이었는데…. 제가 집에 거의 안 들어가게 되면서 계속 본가에 맡겨두고 있다가, 지난달에야 다시 모시고 왔어요. 그래서 요즘은 더 열심히 돈을 벌어야 해서, 이것저것 닥치는 대로 일도 하고, 동시에 논문도 쓰고…. 그렇게 지내고 있어요. 또 한편으론 '광장에서 했던 이야기들이 정치 국면에서 점점 잊히고 있다'는 생각이 들어서, 광장 관련해서 이야기해 달라는 자리가 있으면 되도록 열심히 가서 목소리 내려고 하고요. 이번 주에는 광주에도 다녀왔어요. 5·18 학회가 처음 만들어졌다고 하더라고요. 거기 가서 광장 민주주의 얘기를 나눴는데, 생각보다 잘 모르시는 분들이 많더라고요. 그러면서 '우리가 이야기했던 게 서울 중심 서사였구나' 싶은 반성도 좀 들었고요. 오늘은 '다시 만들 세계 포럼'에 다녀와서 발언도 하고 왔습니다. 저는 저와 같이 고양이를 키우시는 지연 님, 지목하겠습니다.

지연: 안녕하세요. 저는 트위터에서 '전국 응원봉 연대' 계정을

운영하고 있어요. 처음 깃발 도안을 만들어서…. 이걸 뭐라고 해야 할까요? 본부장 같은 역할을 하고 있는 김지연입니다.

최근 근황은, 며칠 전에 트위터에도 적었는데요. 슬기 기자님이랑 인터뷰했을 때는 퇴사한 당일이었거든요. 그런데 드디어! 며칠 전에 다시 정규직으로 취업하게 됐어요. 내일부터 출근인데, 원하던 곳에 들어가게 돼서 지금은 아주 기쁜 상태예요. 계엄 직후인 12월에는 광장에 조금씩 나가기도 했는데, 이후에는 온라인에서 활동을 더 많이 했어요. 저희 지부는 오프라인에서 훨씬 활발하게 활동해주셨고요. 그걸 보면서 '서울 말고 다른 지역 광장에도 더 집중하고 싶다'는 생각이 들었어요. 그래서 전국 깃발 여행도 했고, 일러스트 작가 봉현 님의 '다시 만날 세계' 스티커를 전국에 보내는 프로젝트도 진행했어요. 그건 이제 마무리했고요. 이번 달엔 광주까지는 다녀왔는데, 아직 남은 지역이 많아서 조금 막막한 상태예요. 네…. 그렇게 지냈습니다. 저도 현실을 수습하느라 면접 보러 다니고, 서류 합격하면 또 면접 일정 잡고…. 그런 일들로 정신없이 바쁘게 보냈던 것 같아요. 네, 저는 여기까지고요. 다음은 햐 님 말씀해주시면 될 것 같아요!

햐 : 안녕하세요. 저는 9번째 인터뷰이였던 93년생, 대구에 거주하는 직장인 햐입니다. 저는 인터뷰할 때도 몸이 많이 안 좋았는데 그 뒤로도 계속 끙끙 앓다가 얼마 전에 몸이 다 나았

어요. 그래서 다음 주 토요일에 5·31 행진 참여할 예정이고, 저는 대구에 있어서 창원으로 내려갑니다. 혹시 여기 5·31 대행진 가시는 분 계신가요?

슬기 : 5·31 대행진 설명 좀 부탁드려요.

햐 : 5·31 대행진이란 지속 가능한 에너지 전환을 꾀함과 동시에…. 그렇게 되면 이제 기존의 한수원(한국수력원자력) 화력발전소나 원자력 발전소에서 일하던 발전 노동자들이 일자리를 잃게 되잖아요. 그 노동자들의 안정된 고용과 탈원전 이후의 일자리를 고민해보는 자리입니다. 전국에서 버스가 움직이는 걸로 알고 있는데, 지금도 신청을 받고 있어요. 관심 있으신 분들은 5월 31일에 참여 부탁드릴게요.

슬기 : 네, 지금 참여하신 분들 모두 자기소개랑 근황을 나눠주셨는데요. 지금 재정 님이 채팅창에 5·31 행진 지역버스 관련 현황을 올려주셨어요. 역시 빠릅니다. 실시간으로 트위터에서 '인알'되고 이런 걸 보는 것 같아요. 감사합니다.

제가 일찍 인터뷰한 분도 있고, 햐 님 같은 경우는 불과 한 열흘 전쯤에 뵀는데도 근황들이 다 변하고 많이들 일사불란하게 지내셨다는 생각이 드네요. 저의 근황도 이야기해야 되나요?(웃음) 저는 지금 마감 중입니다. 얼마 전 솔 님까지 인터뷰 기사 연재는 끝났고요. 지금은 단행본용 원고로 확장하는 작업을 하고 있습니다. 우리가 이 123일간 여러 일들을 해왔잖아요. 윤석열 퇴진 광장을 거치며 여러분 개개인은 어떻게 달라지셨는지, 계엄 전과 내가 달라진 점이 있다면 무엇인지 궁금하더라고요. 이 경우에는 제가 눈에 보이는 대로…. 재정 님부터 지목할까요?

재정 : 조금만 생각할 시간을 주세요.

슬기 : 저 같은 경우는 여러분을 만난 사실이 이 광장을 거치면서 제일 달라진 부분이고요. 제 개인의 얘기를 하면, 저는 사실 집회에서 피켓 드는 사람은 아니었어요. 기자였으니까…. 만날 시위 행렬 옆에서 멘트 따고 메모장에 적는 사람이었는데, 인생 처음으로 피켓을 들어본, 처음으로 집회의 플레이어가 되어본 광장이었던 것 같습니다. 저의 여러 가지 가치관도 많이 변했고요. 여러분은 어떠셨나요?

강리 : 제가 먼저 해도 된다면…. 먼저 말씀을 좀 드릴 것이 있을 것 같아요. 다른 분들 준비할 시간을 벌어드리겠습니다.

오늘 동덕여대와 관련한 집회가 서울경찰청 앞에서 있었는데, 저는 거듭 이야기하는 것이지만, '페미니즘 리부트'라는 시기를 거치면서 스스로를 페미니스트로 자각하게 된 사람이고, 그러면서 대학 내에서 일종의 동아리부터 시작해서 학내 자치기구까지 여러 활동을 하려고 노력했던 사람 중 하나예요. 그래서 동덕여대에 다닐 때도, 중앙여성학동아리 WTF에서 활동했고, 이후로는 성인권위원회를 만들었고, 그때 또 숙명여대 트랜스젠더 입학 포기 사건과 겹쳐서 여대 페미니스트 네트워크라는 것도 만들었습니다. 그런 일들을 했는데 사실 제가 지난 총선 때 녹색정의당 후원회장이셨던 권김현영 선생님이 강연할 때, 제가 그걸 듣다가 마지막에 질문하면서 울었어요. 저는 제가 페미니즘 리부트 세대에, 페미니스트로 대학 내에서 무언가를 해보려고 했던 청년 학생으로서 '다 실패한 것 같다'고…. 너무나 많은 실패만 있었고 성취라는 걸 한 번도 느껴본 적이 없고, 앞으로 어떻게 해야 할지 모르겠다고 말씀드렸거든요.

그 와중에 사실 총선이나 이런 상황 속에서도 여성과 퀴어 같은 소수자 의제들이 다루어지고 있었나 생각해보면 정말 '아니었다'라는 생각을 많이 합니다. 그 점이 사실 제가 가지고 있었던 우울감의 큰 부분을 차지했던 것 같아요. 저는 사실 이전에 대학 다닐 때 이미 일종의 비평가로 데뷔했는데, 언젠가부터 글을 아예 못 쓰겠더라고요. '내가 쓴 글, 내가 한 말을 누가 보고 누가 들어'라는 생각 때문에 아무것도 하지 못하던 시기가 있었어요. 그런데 12·3 내란 이후로 저에게 가장 크게 바뀐 점이 있다면 말이 많아졌다는 거예요. 글을 엄청나게 많이 쓰게 됐거든요. 누군가가 들어준다는 걸 조금 확인하게 되었고, '우리가 그 시기에 했던 게 단순히 실패는 아니었다. 많은 씨앗을 남긴 시간이었다'라는 생각을 많이 했고, 그러면서 이게 또 대선 국면과 겹쳐서 그런 걸지는 모르지만 '다음 국면들을 상상할 수 있는 자리를 만들고 넓히기 위해서 해왔던 것들이 지워지지 않았다'는 생각을 하게 되었어요. 그 덕에 요즘에는 기운이 납니다.

슬기: 강리 님이 하셨던 말씀 중 기억에 남는 게, '나는 대학에 다닐 동안 여성운동을 했다고 생각했는데 알고 보니 그게 학생운동이기도 했더라'라는 말씀이었어요. 그게 어떻게 보면 재정 님도 학생운동을 하셨고, 여성운동도 하셨는데 알고 보면 학생운동이 여성운동이고 여성운동이 학생운동이고 그런 거잖아요. 다 범민주화운동이다….

재정: 저 강리 님한테 궁금한 거 있는데…. 대학원생노조로서는 어떤 변화가 있었는지 궁금해요.

강리: 대학원생노조로서 가장 큰 변화라…. 제가 지난 기수에도 노조의 성평등위원회 위원이기는 했지만 선출직 집행위원은 아니었거든요. 그래서 우선은 감당해야 할 무게라는 것이 굉장히 다르구나 하는 거예요. 그런데 사실 그것보다도 제가 느끼는 가장 큰 변화는 이제 뒤풀이에서 아무도 못 놀린다는 점입니다. 예전에는 항상 직책을 맡은 친구들이 있으면, 친구들의 업무상 실수를 약간 놀리는 것을 뒤풀이의 낙으로 삼았는데, 이제 제가 그 포지션에 있어서 겸허히 받아들이며 놀림을 수용하고 있습니다. 조금 더 첨언하자면 조직이라는 것이 폭발적으로 양적으로 증가를 했을 때 의사소통 체계를 어떻게 갱신

해야 할 것인지 가장 많이 고민하고 있고요. 의사소통 구조들을 만들면서 '민주적'이라고 하는 것이 무엇인지에 대해 다시 되짚어보고 있는 때이기도 합니다.

슬기 : 다른 분들 역시 내란 국면을 거치며 달라진 점이 있으신가요? 있다면 어떤 점일까요?

지연 : 아까 말씀하셨던 '여성운동이 학생운동이고, 학생운동이 여성운동이다'라는 말이랑 약간 비슷한 느낌이지 않을까 하는데…. 저는 그동안 살아오면서 사실 뉴스나 그런 것들을 잘 보지 않았어요. 물론 트위터리안 특성상 제가 군이 뉴스를 챙겨보지 않아도 다른 사람들보다 사회·경제·환경·정치 이런 것에 대한 피드가 추천 탐라(타임라인)로 넘어오니까 소식을 자주 접하긴 했지요. 그래도 사안을 깊게 이해하려 들거나 정치가 제 삶에 긴밀하게 연결되어 있다고 생각하지는 못했거든요. 하지만 광장을 거치면서 나의 일상이 곧 정치고 정치가 곧 제 일상이구나, 하는 점을 엄청 크게 느꼈어요. 그래서 타임라인에 올라오는 많은 의제 중에서 유난히 공감 가는 이야기를 보면, 그게 다 제 주변의 이야기고 저의 이야기고 제가 겪으면서 봐왔던 이야기로구나 싶어서…. 광장을 거치면서 좀 커진 제 소박한 공개 트위터 계정으로 '어떻게 좀 더 좋은 사람이 되고 좀 더 목소리를 좋은 방향으로 낼 수 있을까'를 고민하게 된 것 같아요.

네, 그러네요. 되게 작은 부분만 바뀌었습니다. 다른 분처럼 뭔가 거창하게 바뀌지 못한 것 같고 굉장히 일반적이고 간단한 것, 이제 막 첫걸음처럼 아장아장 떼게 된 것 같아요.

재정 : 개인적인 것이 가장 정치적인 겁니다.

슬기 : 내향인 기수 님이 다음 타자로 얘기해주실까요?

내향인 기수 : 저는 한 10년 전 촛불 집회 때부터 정치에 관심이 있었어요. 그때 제가 대학교 2학년이었는데 학교 후배가 단원고 학생이었어요. 바로 옆에서 고통을 지켜보면서 그때부터 정치에 관심을 두게 되었습니다. 그동안은 여성 의제 아니면 퀴어 두 가지로만 생각했는데, 이번 탄핵 집회에서 쿠팡 노동자나 고공에서 농성하고 계신 김형수(한화오션 하청노동자) 동지 같은 분들의 투쟁도 계속됐다는 걸 알게 되었어요. 저의 시야가 너무 좁았다는 걸, 사실 모든 문제가 다 연결되어 있다는 걸 알게 됐어요.

저는 그래픽 디자이너인데, 그래픽 디자이너 노조는 없는 걸로 알고 있거든요. 그래서 노조의 중요성을 이번에 깨닫게 된 것 같아요. 욕심을 부리자면 디자이너분들도 뭔가 노조를 만들어야 하지 않을까, 이렇게 해서 계속 다른 연대들에 함께해야 같이 수준이 올라가지 않을까…. 그게 진짜 민주주의구나, 하고 생각했어요. 저는 저와 관련된 의제들만 생각하고 너무 거기에만 전념한 것 같아서, 다른 일엔 관심을 못 가졌던 것 같아서 좀 죄송했어요. 이제라도 주말에 시간 될 때면 나가서 연대하는 게 앞으로의 제 삶이지 않을까, 라고 생각합니다.

하 : 내향인 기수 님, 혹시 누구나지회는 알아보셨어요?

내향인 기수 : 아니요. 저는 아직 가입한 건 하나도 없습니다.

강리 : '디자이너도 노조가 필요한 것 같다'라는 생각이 조금 드셨다면 사실 이미 프리랜서공제회라는 것이 있기도 하고요. 최근에 작가노조가 준비위원회 상태로 있습니다. 곧 출범을 앞두고 있는데 작가노조의 활동을 참고하시면 디자이너 분들은 또 어떻게 노동조합을 할 수 있을지 많은 인사이트를 얻으실 수 있을 것 같아요.

내향인 기수 : 감사합니다. 제가 에이전시에서 일하는데요. 디자이너들이 포괄임금제로 일하는데, 시간으로 따지면 최저임금도 못 받는 거거든요. 다들 문제는 인식하고 있는데, 서로 먼저 없애겠다는 말을 못 해서…. 노조도 없을 뿐더러…. 알려주셔서 감사합니다.

강리 : 작가노조에는 소설가처럼 우리가 정말 '작가'라고 생각하는 사람부터 시나리오 작가 등 다양한 종류의 텍스트를 기반으로 활동하는 프리랜서 분들이 모여 계시더라고요. 그래서 한 번 꼭 살펴보시면 도움이 되지 않을까 싶습니다.

내향인 기수 : 꼭 언젠가….

지연 : 두 분 다 너무 존경스러워요. 전 상담직이에요. 저도 '상

담직 노조가 있다'고 얼핏 들은 것 같은데…. 보통 상담사들은 계약직으로 전전하는 경우가 많고, 이쪽 업계도 그렇게 좋은 환경은 아니어서…. 전에 퇴사했던 사유가 야근도 너무 많고 일도 힘들고 하다 보니 사회초년생의 패기라고 해야 할까요? 중견기업이었는데 야근하다가 너무 힘들어서 '힘들다'는 이야기를 대표이사에게 직언했더니 바로 모가지가…. 그 이후로 회사에서 늘 뭐만 하면 '부당하다'고 말했더니 계약 연장이 안 됐어요. 그래서 그 뒤로 이런 건 생각하지 말고 정말 조용히 살아야겠다고 생각했는데, 하필 또 계엄이 터지는 바람에 주체하지 못하고 뛰쳐나간 거예요. 이번 회사에서는 정말 부끄럽게도 그런 생각 따위 절대 하지 말고 사축처럼 굴어야지, 이런 결심을 하면서 취업 준비를 했거든요. 그동안 생활고를 겪다 보니 그전에는 옳지 않은 걸 보면 '옳지 않다'고 말했는데, 막상 개인에게 닥쳐오는 개인과 기업 간 싸움이 너무 불합리하다는 걸 알게 되니까 두렵더라고요. 그래서 '앞으로 노조 같은 거 절대 생각하지도 말고 얌전히 지내야지'라고, 광장을 지나왔음에도 그렇게 생각했는데, 방금 내향인 기수 님이 노조의 필요성을 얘기하셔서 굉장히 창피했어요. 하지만 만드신다면 언제든지 익명의 사이버 공간에서 연대하겠습니다.

슬기 : 저 같은 경우도 노조를 같이 해보자는 제안이 한 번 들어왔었어요. 제가 회사 소속 기자일 때는 언론노조에 있었는

데, 사실 지금은 제 정체성을 저도 잘 모르겠어요. 프리랜서 기자인지 작가인지. 작가라면 작가노조에 같이할 수도 있을 텐데…. 제 정체성을 바로잡고, 저도 내향인 기수 님처럼 어디 두드려볼까 생각 중입니다. 아까 햐 님께서 누구나지회 얘기하셔서 생각났는데, 오늘 못 오신 광주에 계시는 나수하 님 같은 경우 영양사로 일하고 계시는데요, 영양사도 직종별 노조가 없어요. 그래서 이번 광장을 계기로 누구나지회에서 활동하고 계시다는 걸 전해드립니다.

지금 솔 님께서 들어오셨네요. 자기소개랑 근황, 그리고 지금 저희가 광장을 계기로 무엇이 바뀌었는지 얘기하고 있었는데, 이 부분까지 말씀해주시면 좋을 것 같아요.

솔 : 저는 솔이고요. 광장에서는 '중금속' 깃발 들고 다니던 사람이고, 요즘은 한동안 연대를 하러 다니는 일을 쉬다가 지난주부터 다시 연대하러 다니기 시작해서 오늘도 동덕여대하고 '다만세' 포럼에 갔다가 지금 회의에 참여하는 길입니다.

예전엔 그냥 소시민처럼 살아서 그런지 내 일이 아닌 다른 투쟁에 연대할 수 있다는 생각은 못 했어요. 그런데 그게 아니란 걸 알게 된 이후로는, 여기저기 다니며 될 수 있는 대로 열심히 함께하고 있어요.

슬기 : 광장을 계기로 바뀐 것, 햐 님은 어떠셨어요?

햐 : 앞서 다른 분들이 학교 다닐 때부터 학생운동 한 이야기를

하셨는데, 저는 사실 대학을 좀 늦게 갔어요. 그러다 보니까 서너 살 차이 나는 친구들과 같이 다녔어요. 그때는 나이 차가 크게 느껴져서 학교 동아리 같은 활동을 하지 못했어요. 그런데 이번 탄핵 광장에서는 다양한 연령대의 사람들과 많이 소통할 수 있었어요. 올해 대학에 들어간 학생부터 위로 띠동갑인 선생님들까지요. 두 번째는 원래 나서는 걸 어려워하기도 하고, '내가 발언할 때 누가 안 좋게 반응하면 어떡하지' 이런 생각을 많이 했는데 이제는 '욕하려면 하든가'…. 미움받을 용기, 그런 게 생긴 것 같습니다. 저는 제가 이렇게 인터뷰하고 광장에서 발언하는 사람이 될 거라고는 상상도 못 했는데, 용산에 계셨던 어떤 분 때문에 제가 이렇게까지 바뀌었네요. 별로 고맙진 않고요. 빨리 벌 받으셨으면 좋겠습니다.

슬기 : 다인 님 같은 경우는 어떠셨어요?

다인 : 저는 고백해보자면…. 집회 나갔을 때 깃발도 없었어요. 오히려 깃발을 보러 다니는 시민 중 하나였어요. 사실 지금 약간 심장 뛰는 걸 주체하지 못하고 있는데요. 내향인 기수 님처럼 제가 좋아하는 깃발의 기수분들이랑 얼굴을 마주하는 이런 자리가 있다니! 그래서 저는 뭔가 내가 이렇게 멋진 사람들을 많이 알게 됐다, 그런 사람들의 이야기를 들을 수 있는 귀와 이런 상황들이 생겨서 너무 좋다, 이런 마음이에요. 또 그 광장의 기억 덕분에 지금 재미있게 공부하고 있어요. 엄청 지지부진한

공부였거든요. 말하자면 'a, b, c, d 다 외우세요' 이런 느낌의 공부였어요. 제가 이런 공부를 처음 해보지만 광장에서 하도 열심히 겨울을 보내서 그런지 조금도 외롭지 않게 하고 있습니다. 그래서인지 저는 '우우놀' 기사 올라올 때마다 조금 울었거든요. 이 자리도 너무 감동적이고 그렇습니다. 특히 이슬기 기자님한테 너무 감사해요.

슬기 : 지금 거의 이원 생중계처럼 채팅창이 활발한 거 되게 웃기네요. 내향인 기수 님이 '최고의 아이돌'로 얘기가 나오고 있고요.

다인 : 네, 저 메탈…. 메탈×저항 머리띠, 그거 받고 싶어서 주변 서성거리고 그랬거든요. 열심히 스티커도 모으고, 기수분들한테 '어머 팬이에요' 이러면 스티커도 주시고 그러니까 저한테는 너무 재밌는 경험이었어요. 아직도 활발히 활동하시는 그런 점들도 너무 멋있고 그렇습니다.

솔 : 저 이 머리띠는 남겨놓은 게 여덟 개 정도 있어요. 그리고 이번에 퀴퍼 부스에서 무지개 에디션이랑 추가 발주분을 팔 생각이에요. 많이 와주시면 하나씩 드리겠습니다.

지연 : 너무 좋아요.

강리 : 꼭 가겠습니다.

지연 : '굿즈'를 많이 못 모아서 약간 아쉬웠거든요. 저도 처음에 제 깃발 디자인했던 게…. 저는 내향인 기수 님처럼 디자인업

에 종사하진 않지만, 평소에 오타쿠와 빠순이의 기본 소양이라고 할까요? 그냥 오래 하다 보면 생기는 그런 스킬로 어떻게든 했던 거였는데…. 제가 오타쿠라서 그런지 그런 굿즈들이 너무 탐나는 거예요. 그래서 '내향인 티셔츠'도 갖고 싶다고 써 놨거든요. 응원봉 연대도 배지랑 스티커랑 이렇게 두 종 있는데, 전에 깃발을 못 들고 갔을 때 다른 기수 분들이 깃발 스티커를 나무젓가락에 붙여서 미니 깃발로 일종의 '예절샷'(K팝 팬들이 일상에서 음식, 여행지, 카페 등과 함께 아이돌의 포토카드를 함께 찍어 SNS에 공유하는 문화)을 찍으시더라고요. 그거 보고는 '와, 대박이다' 생각해서 저도 점점 더 굿즈 욕심을 내는 중입니다.

슬기 : 저는 제가 만난 선생님들의 굿즈를 거의 다 받았는데 내향인 기수 님 스티커는 그 당시에 내향인 기수 님이 가지고 계신 스티커가 다 떨어져서…. 나중에라도 꼭 받고 싶어요. 메탈×저항 머리띠는 퀴퍼 에디션으로 받으러 가겠습니다.

다음 질문이 이제 좀 복잡한데요. 6월 3일 대선을 앞두고 우리가 대선전을 보고 있잖아요. 이번 대선전을 어떻게 보고 계신가요?

다인 : 화내면서 봅니다.(웃음)

지연 : 맞아요. 저 잠깐 광주 기수(전국응원봉연대광주지부 기수) 님 계정에 올라온 대선 토론 보는 방법을 트위터에 올렸는

데요. 싫어하는 후보가 나오면 냅킨으로 그쪽 화면을 가린다….
다인 : 다시 보기로 돌려보면서 보기 싫은 부분은 휙휙 건너 뛰었어요.

강리 : 사실 대선전을 볼 때, TV 토론회에 나온 인물들보다는 무효표 운동 하는 분들 보면서 마음이 많이 어려웠어요. 우리가 트랜스 배제적 페미니스트라고 부르는 그 '터프'(TERF) 분들이 본인들의 방식으로 무효표를 만들겠다…. 그래서 자신은 표결하지 않거나 혹은 자기가 지지하고 싶은 여성 정치인의 이름을 쓰겠다는 방법을 이야기하시는데요. 물론 그분들이 이런 말을 하는 이유를 모르지는 않아요. '나를 대변해줄 정치인이 투표 용지 안에 없다'라는 의미겠지요. 근데 우리가 서프러제트*부터 선거권과 피선거권, 참정권을 얻기 위해서 투쟁해왔던 역사가 있으니 '여러분, 이러시면 안 돼요'라고 그분들을 붙들고 이야기하고 싶기도 하고….

사실 여기서 조금 더 나아가 그분들이 생각하는 것까지 이야기하면 대의민주제의 어떤 허점들이 분명히 있다는 뜻이기도 하잖아요. '나를 대변해줄 후보가 왜 이 공간 안에 없을까, 이 투표 용지 안에 없을까' 하는 거니까요. 그래서 최근에는 사실 대선 후보들의 워딩보다도 선거제도에 대한 생각을 조금 더 많

---

* 20세기 초 영국에서 참정권을 얻기 위해 싸운 여성들을 지칭하는 말.

이 했던 것 같습니다. 그러면서 한편으로는 '제발 여러분, 무효표는 던지지 말아주세요'라는 마음이었어요.

내향인 기수 : 예전에 (선거) 알바를 했었는데 무효표는 그냥 집계하시는 분 손에서 0.1초 만에 사라지는 거라서…. 이를테면 '불신지옥'이라고 씌어진 표와 똑같이 묶이는 거거든요. 의미가 없어지는 거라서…. '무효표 운동'이라고 생각하는 게 좀 안타까운 것 같습니다.

강리 : 네, 그분들의 의도를 모르는 건 아니지만, 효과적인 전략이나 다른 것들이 많을 텐데 '왜 그러한 방법을 선택하셨을까' 하는 생각에 고통스러웠습니다.

재정 : 저는 대선을 지켜보면서 '우리가 이러려고 광장을 그렇게 지켰던 게 아닌데' 하는 마음이 많이 들었어요. 특히 내란에 동조해서 책임이 있는 사람이 대선에 출마하고, 그러니까 윤석열이 감옥도 안 가고 저렇게 떳떳하게 부정선거 영화 보러 다니고 지지자 만나고 다니는 게 아닌가 싶어서 너무 화가 났고요. 특히나 '하버드대학교 갈라치기학과' 나오신 분이 자꾸 청년을 대변한다고 하면서 연령 갈라치기도 하고 이러는 세 너무 어이가 없고, 이제는 막 자기가 무슨 민주주의의 화신인 것처럼 노무현을 입에 올리는 걸 보니 너무 답답한 마음이 들어요. 또 한편으로는 내란 사태를 겪으면서 경제가 엄청 어려워졌잖아요. 자영업자들이나 노동자들, 취업 준비생 모두 어려워졌는

데, 저는 이럴 때일수록 성장만 이야기하는 정치를 경계해야 한다고 생각하거든요. 광장에서 나왔던 소수자 이야기나, 차별이나 혐오 이런 이야기들이 소거되고, 계속 '경제 성장을 이루기 위해선 뭘 해야 합니다. 개발해야 합니다. 규제를 완화해야 합니다' 하는 이야기 중심으로 논의되는 게 진짜 대한민국 사람들이 먹고사는 문제 그리고 삶의 문제에 대해서 얼마나 깊숙이 생각을 하고 있는 건가, 싶은 회의가 많이 들었습니다.

강리 : 정말 그 갈라치기의 정치에 대해서 하고 싶은 말이 많은 요즘인 것 같기도 합니다.

솔 : 저는 그것도 그렇고…. 아무리 여론조사 전화를 받고 응답하는 계층이 정해져 있다고는 하지만, 내란을 일으킨 인물을 지지하고 배출하고 거기에 대해서 동조하고 어떠한 쇄신의 움직임도 보이지 않는 그 정당을…. 심지어 민주당의 움직임도 그런 사람들을 포괄하기 위해서 중도 보수 선언을 하고 보수층 포집을 위해서 노력하고 그러는데…. 그럼에도 40% 가까운 지지율이 나온다는 게 너무 절망적이긴 했거든요. 그래서 그런 사람들을 '어떻게 해야 할까', '어떤 걸 할 수 있나' 라는 생각이 많아지는 것 같아요.

햐 : 방금 솔 선생님이 말씀하신 대로, 요즘 민주당 캠프가 TK 지역에서 조금…. '육영수 여사님이 이재명 찍으라고 했다' 같

은 권오을 발언 있잖아요.* 그걸 보면서 사실 저는 TK 지역 당사자로서 모욕감을 느꼈거든요. 그런데 '역시 국힘 출신이 TK 공략을 잘한다'는 반응들이 많아서 너무 '띠용'했던 기억이 있어요. 걱정되는 게, 만약 그렇게 해서 TK에서 유의미한 득표율이 나오게 되면 앞으로도 그런 전략을 쓰지 않을까…. 그런 생각이 듭니다. 이때까지 계속 광장에 나갔던 저희 동지들이 지워지는 게 걱정돼요.

슬기 : 이어서 말씀드리자면, 이제 몇 분 이야기를 하셨지만, '광장의 목소리가 제도권 정치에 반영되지 않고 있다', '여성과 퀴어가 지워지고 있다'는 얘기가 많이 나오잖아요. 다들 어떻게 보세요?

지연 : 예상했던 일이라 '놀랍지도 않다' 이런 생각이 들었고…. 그러면서도 제가 기억하는 한 5년 전, 10년 전, 15년 전, 그때보다는 아주 미세하게 뭐랄까…. 제가 잠시 운동을 한 적이 있었는데, 저도 척추 건강이 안 좋아서 그때 인바디 찍으면 근육량이 정말 아주 조금 늘었단 말이에요. 최근에 트위터에 운동하면 이게 피통(근지구력)을 늘리는 거고, 당장 내 체력은 예전

---

* 경북 지역에서 3선 국회의원을 지낸 권오을 더불어민주당 공동선대위원장은 2025년 5월 13일 경북 구미에서 "어제 구미에 와서, 박정희 대통령 생가를 찾아서 박정희 대통령 육영수 여사님께 참배를 한 뒤에 조용히 여쭤봤다"며 "육영수 여사님께 어떻게 하면 이재명을 대통령으로 만들 수 있습니까 했더니 육영수 여사 말씀이 당당하고 떳떳하게 기호 1번 이재명 외쳐라 하셨다"고 말했다.

이랑 똑같아 보일 수도 있다, 하지만 운동해서 그걸 늘리는 작업을 하는 거다, 라는 트윗이 알티가 됐었는데, 그런 느낌으로 시대가 나아가고 있지 않나 생각해요.

예전이랑 지금이나 다 고만고만한 것 같은데 사회가 받아들일 수 있는, 소리를 크게 낼 수 있는 사이즈가 조금 커진 것 같긴 해요. 그래서 여태까지 모든 역사가 그래왔듯이 제가 호호 할머니가 됐을 때는 지금 불만스러워한 것을 어쩌면 쟁취해내고 당연한 것이 되어 있을 수 있지 않을까, 그런 날이 올 것 같다는 희망을 보긴 했어요. 너무 거시적인 관점이긴 해도요.

강리 : 저는 이번 광장에서 여성이 호명될 때, '말벌'이 언급될 때 이상하게 '왜 이렇게 기특하게 보지?'라고 생각했던 것 같아요. 왠지 '너희 말을 조금 들어줄게' 하는 것 같다고 느꼈던 순간들? 그런 부분에서 정말 당장의 정치가 차별금지법 제정에 대해서도 이야기를 많이 하고, 우리가 광장에서 나눴던 키워드들이 대선 국면 안에서도 자주 다뤄지는 것 같다고 느끼는 한편, 우리가 기특하지 않은 순간에도, 불순한 순간에도, 그 자리를 차지하려면 어떻게 해야 하는지에 대한 고민도 많았던 것 같습니다. '우리가 이 사회의 구성원으로서 계속 있어 왔다'라는 점을 다시 한번 환기하면서 그 자리를 넓혀가려면 어떻게 해야 할까, 고민을 하게 되었습니다.

슬기 : 저는 강리 님 말씀을 체감해요. 제가 처음 이 기사를 쓸

때는 윤석열이 파면되기 전이었고, 기사 댓글에 '기특하다'와 함께, 개인적으로는 '기특하다'보다는 훨씬 좋은 반응이었다고 생각하는 '고맙다'가 있었어요. '여성들 고맙다. 소녀들 고맙다' 이런 거였는데요. 그런데 파면되고 대선전으로 접어들면서 댓글 분위기가 좀 바뀌더라고요. 극우 세력이 남긴 댓글도 있지만, 이제는 좀 불손하게 보는 시선들이 있었어요. '광장이 끝이 아니다'라는 얘기를 제가 만난 인터뷰이 선생님들은 다 꾸준히 하고들 계셨잖아요. 그 지점부터 '이것들 불손하다'는 식의 댓글들이 많이 달렸고요. 그리고 햐 님 기사 같은 경우는, 'TK의 콘크리트를 부수는 TK의 딸'이자 TK를 향한 지역 혐오에 반대하시는 분인데, 기사에 되게 교차적인 혐오 댓글이 많이 달리는 거예요. '어디서부터 혐오라고 말해야 저들이 혐오인 걸 알까' 하는 생각이 들 정도로요. 그래서 거기서부터는 어떻게 해야 할까, 하는 고민이 저도 강리 님과 비슷한 맥락으로 있었습니다. 또 하나는 아까 무효표 이야기를 하셨는데, 군소후보에 투표하는 행위를 '사표'라고 칭하면서 동료 시민을 공격하는 흐름이 너무 거센 거예요. 저는 민주주의 국가에서 타인의 표를 사표라고 단정하는 행위 자체가 폭력적이라고 생각합니다. 그런데 그런 것이 꾸준히 통한다는 게 저를 더 화나게 했던 것 같아요.

강리 : 그렇지요. 광장이 끝나자마자 그런 것은 작은 일이 되어

버리고, 다들 좀 더 큰 대선 국면 안에서 우리는 무엇을 이뤄야 하느냐 같은 식으로 이슈를 전환하는 것이 매우 안타까웠습니다. 그래서 저는, 우리가 불순하다고 여겨지는 순간에도 우리의 자리를 지키려면 무엇이 필요한지 진지하게 고민해야 한다고 생각해요.

내향인 기수 : 저도 10년 전, 박근혜 퇴진 때 아쉬워했던 것 중 하나가 바로 그런 지점이었습니다. 광장에서는 다 민주주의, 민주주의 하는데, 그걸 일상까지 못 가져갔잖아요. 여성혐오는 여전히 그대로고, 성소수자 차별도 그대로고…. 이번에도 그렇게 될까 봐 두려웠어요. 일상에서 사람들과 이야기하다 보면 지난 12월부터 4월까지, 그 4개월이 마치 없었던 것처럼 간주하거나 그냥 누군가가 대신 해주는 일 정도로만 생각하는 이들도 적지 않았어요. 그래서 이 기세와 분위기를 일상으로 이어지게 하려면 어떻게 체계적으로 처리해야 할지…. 요즘에는 그 점이 제일 걱정이에요. 민주당에도 저는 약간 기대했었거든요. 이번 국면에 표면적으로 대단해 보였으니까, 뭔가 여성·퀴어 인권 문제 역시 제대로 다루지 않을까 했는데, 영지처럼 '난 또 시민이 아니야?'* 이렇게 되니까 그게 정말 서운했어요.

하 : 제가 지난 주에 태경산업 집회에 갔는데요. 서울에서 오신

* 〈고등래퍼3〉에서 출연자 이영지가 '너는 힙합이 아니다'라는 다른 출연진들의 농담에 "난 또 힙합이 아니야?"라고 반문한 데서 유래한 밈.

활동가 님의 발언 중에 이런 이야기가 있었어요. 그분이 투쟁을 다니시던 중 어떤 시민한테서 '대선 끝나고 해'라는 이야기를 들으셨대요. 그분이 '대선 끝나고 운동하면, 그때는 예쁘게 봐주실 거냐'라고 하셨대요. 바로 이런 점이 문제인 거예요. '대선 끝나고 해라'라고 말하는 사람들은 그냥 자기가 그 문제에 귀 기울이고 싶지 않아서, 문제를 외면하고 싶어서 그렇게 이야기하는 것이지, 실은 대선이랑 아무 상관이 없거든요. 우리 사회에 산적한 이슈들은 대선이 끝났다고 '끝' 이렇게 되는 게 아니잖아요. 대선 이후에도 해결해야 할 과제들이 남아 있는데, 그러면 그런 문제들을 다 해결할 때까지 노동자 문제, 소수자 문제 이런 거는 그냥 전부 미뤄둬야 하는 건가요. 대체 언제까지 미뤄야 하는 거냐…. 저도 깨달은 바가 있어요. '그런 거 사람들이 싫어해', '아직 시기상조야', '사회적 합의가 필요해', '원하지 않는 사람들도 있잖아'라고들 이야기하는데, 저는 '그 사회적 합의, 니 때문에 안 되는 거다'라고 말하고 싶습니다.

강리 : '니 때문에 안 되는 거다'라고 하셨는데, 저희 부모님의 억양이 살짝 들리면서 마음이 편해지고 좋았어요. '어머니·아버지 앞에서 저 말을 해야 하는데'라고 생각하면….(웃음)

지연 : 제일 짜증 났던 게 기특해하는 그 지점과 댓글에서 선플이자 악플로도 달리는 그런 내용이었어요. 잘 컸다, 이 소녀가 정말 장하게 잘 컸다…. 또 저를 혐오하고 싶은 분들은 특히 파

면 이후에 '잘못 컸다' 등등. 저는 '뭐 어쩌라는 거지?' 하면서도 제가 광장에서 얘기하고 싶었던 것, 함께 나눴던 것들이 또 '나중에'가 되고 보니, 최근 2등 시민의 기분을 멜랑콜리하게 느끼게 되더라고요.

최근에 트위터에서 전통적인 민주당 지지자로 진보적인 의제에 동의하지 않으시는 부모님 이야기를 봤는데, 실은 저희 집안도 그렇거든요. 광장에 나가는 것도 말리지 않고, 윤석열 욕설도 매일 하시지만, 윤석열 탓보다는 "지난 대선의 패배 요인은 심상정이다, 20대 여성 청년들이 잘못했다"라고 하시는 거죠. 그런 이야기들을 접하면 착잡해지고 '더 이상 뭘 어떡하라는 거지?' 하는 막막한 기분이 들어요.

그와 동시에 광장에서 만났을 때, 각각 개인인 동시에 집합체일 때의 기분을 아직 잊지 못해서…. 5·18도 그렇고 조금씩 전해져 내려오는 것들이 제대로 기억되고 하다 보면 '우리가 언젠가는 좀 더 나은 논의를 할 수 있지 않을까' 하는 생각이에요. 온라인에서도 전에는 몰랐던 5·31 대행진 같은 것에 대해서 논의가 더 활발하게 진행되고 있고요. 저는 항상 이상적인 걸 믿고, 또 그렇게 행동합니다. 이런 흐름이 너무 비관적인 것 같지만은 않아요.

하 : 민주당 지지자들이 국민의힘 뽑은 사람들한테는 그런 얘기를 또 안 하잖아요. 대선 패배의 책임은 아무래도 국민의힘 뽑

은 사람들한테 더 큰 것 같은데. 민주당 지지자들도 그 점을 아는 것 같아요. '국민의힘 지지자들을 공격해서 우리 편으로 만드는 것보다 정의당 지지자를 우리 편으로 만드는 게 좀 더 쉽지 않을까' 뭐 이렇게 생각하니까…. 아무래도 일반적으로 생각하기에 남성보다는 여성들을 자기편으로 끌어오는 게 더 쉽지 않을까, 그런 생각들을 한 것 같습니다.

지연 : 맞아요. 일상에서도, 제 개인적 삶에서도, 사회에서도, 정치에서도 제가 속한 정체성, 여성이나 청년 같은 특성을 다들 도구로 사용하고 싶어 한다는 느낌을 종종 받습니다. '그래, 내가 도구로 유용하게 쓰여서 앞으로 50년, 100년 후 미래에 보탬이 된다면 기꺼이 응해줄게' 하는 태도를 견지하는데도, 동시에 여전히 분노가 끓어오릅니다. 양가감정인 거예요. 요즘도 가끔 이런 생각이 들어요. '나 이렇게까지 하는데', 혹은 '이렇게까지 해야 하나?' 하는 식으로요. 그런데도 결과는 늘 '나중'이고요. 예를 들면, 민주당 지지자들 일부는 '너네 때문에 이 모양이잖아' 하고, 국민의힘 전통 지지자들 중에서는 또 '너네가 잘못 커서 그래'라고 말하거든요. 그럴 때면, 한국뿐만 아니라 그냥 내가 태어난 이 세계 자체가 과연 나를 어떤 존재로 여기고 있는 걸까 싶어요. 맥이 빠지고, 힘이 쭉 빠져요. 그래서인지 최근에는 정신적으로 많이 지쳐 있었고, 내 삶을 어떻게 지탱해야 할지, 또 내가 속한 사회와의 거리감을 어떻게 조절해야 할

지 생각이 많았습니다. 참 어려운 것 같아요.

그래서 요즘은 거의 칩거 중이에요. 그런데도 내향인 기수 님이 온라인상에서도 굉장히 열심히 활동하시는 걸 보면서, 전혀 칩거 중이신 것처럼 느껴지지 않더라고요. 그래서 오히려 '얼마나 무리를 하고 계시는 걸까' 하는 생각이 들었어요. 다른 분들도 정말 열심히 살아가시고…. 소위 말하는 '머글적 갓생'이 아니라 '무브먼트적 갓생'을 사는 것처럼 보여서요. 그래서 다들 정말 존경스럽고, 저는 사실 지금 이 집담회에 초대받은 것도 약간 얼떨떨해요.

하: 우리 모두 고생했다는 의미에서 박수~! 고생하셨습니다. '사이버 복복복' 해드릴게요.

슬기: 그거 어떻게 하는 거예요?

하: 쓰다듬어드릴게요.

(다같이 화면 상으로 손을 들어 서로의 머리를 쓰다듬었다.)

지연: 다들 고생 정말 많으셨습니다.

슬기: 제가 이번 기사를 쓰면서 효능감을 느꼈던 때가 2번 있었는데요. 한 번은 재정 님 인터뷰 기사 댓글에 어떤 분이 자기는 60대 남성이라고 하시면서, 그전까지 자기는 페미니즘이 안 좋은 건 줄 알았는데 저 사람 얘기 보니까 페미니즘 할 수도 있겠다는 생각이 들었다고 쓰신 거예요. 그래서 저는 처음에 '우리 아빠가 선플을 달았나?'라고 생각했는데 그게 아니었고….

그때 굉장히 뿌듯했어요. 또 하나는 오늘은 못 오셨지만 위아더해군 서연 님께서 남태령에서 발언하셨을 당시 여러 반응 가운데 '너는 한국인이다'라는 게 있었는데, 사실 그 자리에서는 호의로 얘기하는 거라 받아들였지만, 나중에 생각해보니 기분이 좋지 않았다고 말씀하셨거든요. 그런데 그 기사에 어떤 분이 '반대로 한국 사람이 미국 가서 '미국인 다됐네' 이런 얘기 들으면 기분이 좋겠나'라는 댓글을 다셨는데, 그게 엄청 공감되더라고요. 물론 대선전에서 여성과 퀴어가 지워지고 있다는 평가도 나오고, 저도 그렇게 느끼지만, 그래도 이번 광장을 겪기 전과는 다르지 않나, 라는 생각을 좀 하고 있고요. 또 하나 들었던 생각은, 제가 책을 아무리 빨리 준비해도 9월 초쯤 되어야 나올 것 같거든요. 그때 출판 시장 분위기가 어떨까 하는 생각이 드는 거예요. 대선도 지나고, 당연히 광장이 활화산 같던 때하고는 좀 다를 거잖아요? 우리가 광장에서 외쳤던 여러 목소리, 우리의 광장 정치가 소위 제도권 정치의 영역으로 가고 정책이 되려면 어떻게 해야 할까, 뭐 이런 생각을 자꾸 하게 되는데, 어떻게 보시나요?

지연 : 솔직한 심정으로는 그냥 저희집 고양이를 대통령 시키고 싶습니다.

강리 : 그 고양이를 대통령으로 만들기 위한 집권 계획은 어떻게 되나요?

지연 : 얼굴 한 번 보여주고 젤리 한 번…. 이렇게 아이돌들 악수회 하듯이 한 번씩 만지게 해주면 게임 끝입니다.

내향인 기수 : 기대됩니다.

지연 : 온 세상의 고양이들이 그냥 하루씩 돌아가면서 대통령 했으면 좋겠네요.

강리 : 저는 이 대선 이후 초반 3개월간의 투쟁이 중요하지 않을까, 라는 생각을 많이 합니다. 초반 3개월 동안에 우리가 지금까지 광장에서 해왔던 이야기들이 단순히 한 사람의 위치를 바꾸는 것이 아니라 이 나라의 거버넌스 전반을 재검토해야 된다는 이야기로 이어질 수 있도록 초반 국면을 잘 정립해야 하지 않을까요? 그러려면 빠르게 움직여야 하는데, 이제 며칠 남지 않은 시점에서 볼 때 사실 그 전략은 잘 모르겠다는 생각이 들어요. 물론 우리가 현장에서 할 수 있는 일이 있고, 또 정책을 내는 부분도 있을 텐데, 사실 정권 교체를 상수에 두고 많은 분이 고민하고 계시잖아요? 어떻게 해야 우리의 목소리가 더 잘 들릴 수 있을지, 세력화를 '선거'라는 숫자로 보여줄 수 없을 때 '우리가 이만큼 모였다'라는 걸 어떻게 보여줄 수 있을까…. 이런 고민이 조금 있습니다.

슬기 : 다인 님 같은 경우는 여러 이유가 있겠습니다만, 파면을 계기로 한국에 남게 되셨잖아요. 대선 이후에는 무슨 일을 하실 계획이세요?

다인 : 저는 이번 사건을 겪으면서 비로소 '정치적인 인간'이 되었다고 생각하는데요. 원래도 정치적인 인간이었지만, 그런 아이덴티티를 강렬하게 재인식하게 되었다고 생각하거든요. 단순히 '나는 정치적 인간이다'라고 깨달은 게 아니라, 우리가 너무 다 정치적이어서 '이걸 어떡하지?' 이렇게 된 것 같아요. 친구들과 대화해보면 저에 대한, 제가 가진 어떤 정치적 성향에 대한 상이 있고, 거기에 맞춰서 친구들이 대화한다는 느낌이 들었어요. 그게 어떻게 보면 좀 불편하기도 하고, '너는 그렇게 생각하니까 너와 나는 다르다. 나는 알아서 투표할게' 하는 반응들이 저한테는 일상에서 너무나 크게 다가온 '정치적인 일'이었어요. "너는 그걸 어떻게 생각해?"라며 저한테 툭툭 던지는 질문들이, 실은 제가 지지하는 후보와 정당에 관한 얘기더라고요. '그 앞에서 나는 과연 어떻게 대답할 수 있을까' 좀 더 고민하게 됐습니다.

요즘은 특히 '내가 그런 질문들에 잘 대답할 수 있는 사람이 되었으면 좋겠다'라는 생각을 자주 합니다. 최근 한국에 좀 더 오래 머물게 되었는데, 파면이 결정된 날엔 이상하게 한국이 좋아진 것 같은 기분이 들었어요. 그래서 그날이 그냥 '한여름 밤의 꿈'이 아니었으면 좋겠다는 마음도 있었어요. 가끔은 그날이 아주 먼 일처럼 느껴져요. 우리가 거기에 함께 모여 있었고, 깃발이 바람에 펄럭이던 그 장면들…. 그런데 지금은 도서관에 앉아 공부만 하고 있으니까 그 시간이 점점 멀어지는 것 같아요. 그래서 '내가 다시 그 자리에 있으려면, 어떤 환경을 만들어야 할까?' 고민하게 돼요. 수험 생활이 끝나면, 내가 뭘 할 수 있을까 하는 생각도 점점 더 구체적으로 자리잡아 가고요.

정치를 내가 너무 이상적으로 생각했나 싶은 마음도 들어요. 엄마 아빠가 그러시더라고요. '너 정치 비판 많이 하면서도 정치를 믿긴 믿는구나?' 하고요. 사실 저도 이 정도일 줄은 몰랐어요. 공약집을 보고 '이건 너무하다'며 종이를 들고 화를 내고 있었는데, 아빠가 그걸 뺏어가면서 '원래 다 이런 거야. 너는 처음 겪어봐서 그래' 그러시는 거예요. 그래서 '아, 이런 일들에도 익숙해져야 하는 거구나' 싶으면서도, 동시에 '익숙해지되, 나는 어떤 말을 계속해 나갈 수 있을까' 고민하게 돼요. 예전엔 대외 활동 같은 걸 거의 해본 적 없었는데, 이제는 그런 걸 좀 해봐야 하지 않을까 싶어요. 나도 이제는 어떤 깃발 아래 서 있고 싶다는 생각이 들었습니다.

슬기 : 다인 님 인터뷰할 때 인상 깊었던 워딩 중 하나가 그거였어요. 정치 얘기를 많이 하고 싶었는데, 평소에는 눈치 보여서 잘못했다가 계엄이 터지니까 정치 얘기를 일상적으로 할 수 있어서 좋다고 하셨던 거요.

다인 : 맞아요. 할 수 있어서 좋은데…. 인터뷰하고 나서는 약간 공식적으로 정치 얘기를 하는 사람이 된 느낌? 그게 약간 아쉬

운 것 같아요. 아직 나는 논의할 게 많은데, '어떤 얘기를 하고 싶으세요?' 이렇게 하고 싶은데, '너는 초록색 점퍼잖아' 이렇게 딱 (선을) 그어 놓는 순간들이 있다 보니, 그런 걸 또 어떻게 제 일상에서 잘 해결할 수 있을지 고민하고 있습니다. 그런데 또 사람들이 저한테 자꾸 정치적인 고민을 털어놓으세요. 친구들도요. 제가 딱히 해결해줄 수 있는 건 없지만, 저한테 그걸 얘기한다는 게 새롭고 좋고 또 고맙기도 해요. 제가 동의하든 동의하지 않든 뭔가 그런 기회들이 주어진다는 건 좋은 일인 것 같습니다.

내향인 기수 : 이제 곧 6월이면 록페가 시작돼요. 원래는 남성 기수가 대부분이거든요. 이번엔 '외향인' 기수님도 록페에 오신다 하시더라고요. 록페는 처음이신데…. 이런 일상에서 뭔가 조금 바뀐 게 있긴 한 것 같아요. 그래서 솔 님, 혹시 록페 오지 않으시려나요? 깃발이 정말 록페 그 자체입니다. 제발 와주세요.

솔 : 펜타포트는 (라인업이) 비공개일 때, 이미 티켓팅에 성공했고요. 부락(부산국제록페스티벌)은 1차 때 실패해서 다음에 재시도합니다.

내향인 기수 : 부러워요. 저도 티켓 구하면 꼭 뵙겠습니다.

다인 : 아, 부러워.

내향인 기수 : 그래서 광장에 나왔던 분들, 동지분들을 록페에서도 꼭 뵀으면 좋겠다는 저의 욕심이 좀 있습니다. 그러면 연대

가 이어지지 않을까요?

솔 : 오늘 '다만세' 포럼을 보고 왔는데, 이미 거기서 소규모 록페를 하고 계시더라고요.

내향인 기수 : 네, 이렇게 일상에서 조금씩 바뀌면 그래도 달라지는 게 있지 않을까요…. 확실히 전보다는 달라진 게 있다고, 저도 이상적이지만 희망을 보려 합니다. 저는 대선 후보, 2번이랑 4번은 바로 찢어버렸거든요. 오자마자 열자마자 바로 이제 '북' 찢어서 재활용했는데…. 네, 아무튼 그렇습니다.

지연 : 정말 딴소리인데, '록페' 하니까 저는 직장인 밴드를 하고 있어서 매달 저만의 록페를 하고 있거든요. 그래서 다음 주 토요일에도 가는데, 다른 분들도 밴드 음악 많이 좋아해주시면 좋겠어요. 그래서 다 같이 '기수 밴드' 이런 거 하면 어때요? 내향인 기수 님, 전에 베이스 치신다고…. 제가 드럼 할게요. 일렉, 키보드, 신디….

내향인 기수 : 혹시 계시다면….

강리 : 저희 요즘 광장에서 다들 목청이 트이지 않으셨습니까? 이 4개월간의 득음을 한번 록으로….

지연 : 보컬로 채용하겠습니다.

슬기 : 그리고 재정 님 책이 곧 나오잖아요. 『광장 이후』(집담회 바로 다음날인 5월 26일 출간됐다)였나요? 윤퇴청 같은 경우도 조직 성격을 바꿨잖아요. 범청년 행동도 그렇고. 이제 광장

그 후를 도모하는 조직으로 조금씩 변모하고 있는 건가요?

재정 : 일단 윤퇴청은 '광장을 잇는 윤퇴청'이라고 해서, '광장에서 나왔던 이야기들을 정치적 변화로도 만들고, 광장의 가치를 알리는 작업을 하자' 해서 조직 전환을 했고요. 사실 파면 이후에 제가 계속 아파 가지고…. 계획했던 활동들을 많이는 못 하고 있는 상황이에요. 범청년행동은 원래 '윤석열 물어가는 범청년행동'이었다가, 이제 '불평등 물어가는'으로 바뀌어서 불평등을 키워드로 다양한 청년 의제들을 정책화하는 작업을 했어요. 강리 님도 범청년행동에서 같이하고 있는데* 인권·차별·주거·노동·복지·젠더 등 다양한 키워드의 정책들을 발굴해 더불어민주당, 민주노동당과 정책 간담회를 진행했어요. 청년들 사이에도 많은 차이와 불평등이 있는데, 그런 것들을 조직 단위로 매개해서 정치권에 질문하고 답을 요구할 수 있어서 좋다는 생각이 들었고요. 지금은 민주당이 여성 정책을 발표하기도 했지만, 그전까지 여성 공약을 내지 않았을 때 저희가 처음으로 여성 정책을 갖고 정책 간담회를 진행했어요. 그때 캠프 분들이 응원도 많이 해주시고, 청년 어젠다로나마 젠더 문제를 환기해줘서 고맙다는 얘기도 들었습니다. 참, 비상행동도 이름을 바꿨어요. 원래 '윤석열 즉각 퇴진 사회대개혁 비상행동'에서 '내

---

* 강리가 소속된 전국대학원생노조도 25개 청년단체로 구성된 '불평등 물어가는 범청년행동'에 참가하고 있다.

란 청산 및 사회대개혁 비상행동'이 됐는데요. 내부에서 합의가 잘 안 돼서 대선 대응을 하지 않는 것으로 방침이 내려졌습니다. 사실 저는 아쉬움이 남아요. 1,700개의 다양한 단위들이 들어와 있던 조직이라서 그런 결정이 내려질 수밖에 없었나 싶지만, 어쨌든 저는 큰 단위에서 조직적으로 광장 이야기를 정치권에 밀어 넣는 일을 좀 더 해봤어도 좋지 않았을까, 그렇게 생각합니다.

강리: '윤퇴청에 남성분들이 더 많다'는 이야기를 어디선가 얼핏 들었는데, 그럼에도 트럭 위에 올라가 있는 재정 님의 모습을 보면서 늘 뭔가 감동을 받았어요. '우리의 얼굴이 이 사람이어서 좋다'라는 생각을 아주 많이 했어요.

재정: 저도 '비상행동에 세대 다양성이 필요하다. 특히나 여성청년이 대표로 있으면 좋겠다'라는 이야기를 많이 들었고, 어떻게 하다 보니 범청년행동에 윤퇴청이 힘을 보태면서 범청년행동 이름으로 비상행동 공동대표가 되었어요. 막중한 책임이기도 해서 모든 일상을 멈추고 4개월 동안 광장에만 매진했는데, 책임을 져야 한다는 부담도 있었지만 '잘해야겠다. 특히나 여성청년의 얼굴을 대표할 수도 있으니 더욱더 잘해야겠다'는 생각을 많이 했습니다.

저는 그동안, 어떻게 하다 보니 20살 때부터 계속 운동 언저리에서 살았던 것 같은데요. 그때 다양한 투쟁 현장에서 만났던 분들, 또 예전에 빈곤 현장에서 같이 투쟁했던 분들이 남태령에서 "제가 재정 님이랑 연락 안 하고 지낸 세월이 길지만, 이 광장의 대표가 재정 님이라는 생각을 하니까 위로가 돼서 열심히 나왔어요"라고 이야기해주셨거든요. 그 말 들으면서 오열했어요. '더 열심히 해야겠다'는 생각도 들었고요. 윤퇴청 구성원은 실무팀에는 여성·남성 반반 정도 있고, 참여하러 오시는 분들은 남자분들이 더 많으세요.

슬기 : 아픈 다리를 이끌고 50회 이상 집회에 참여하셨던 솔 님은 어떻게 생각하시나요.

솔 : 구체적인 방안은 아직 잘 모르겠지만, 지난번 인터뷰 때도 말씀드렸듯이 저는 분위기를 형성하는 게 굉장히 중요하다고 생각해요. 정치인들뿐 아니라 우리 모두가 어떤 결정이나 발언을 할 때 주변 분위기를 살피게 되잖아요. 그렇기 때문에 광장에서 나왔던 여러 목소리에 사람들이 자연스럽게 동조할 수 있는 사회적 분위기―소규모 집단부터 시작해서 점차 확산되는 분위기―를 만들어내는 방식이 필요하다고 봅니다. 그렇게 해서 이 방향이 옳고 바람직하다는 공감대가 형성되면 사람들도 그 문제를 한 번 더 고민해보게 될 테고, 그런 집단들이 쌓이면서 제도권 안에서도 '아, 이런 생각을 가진 사람들이 많구나. 이게 여론이구나. 우리가 결국 이 방향으로 가야겠구나'라고 느낄 수 있게 되는 거예요. 그런 의미에서 아까 강리 님이 말씀하신,

대선 이후 3개월 동안 그런 흐름을 보여줘야 한다는 의견에 저도 정말 많이 공감하고요. 다만, 그걸 구체적으로 어떻게 실현할 수 있을지 아직 좀 막막하긴 해요.

재정 : 저는 그래서 자꾸 '대선을 목표로 뭔가를 해야 한다'라고 생각하다 보니, 그게 너무 스트레스로 다가오더라고요. 사실 그래서 더 아픈 것 같기도 해요.

강리 : 맞아요. 맞아요.

재정 : '대선으로 세상을 다 바꾸겠다'는 생각을 내려놓고, '그보다 더 긴 미래를 도모하자'고 마음을 바꾸고 나니까 훨씬 편해지더라고요. 이번 대선만이 선거가 아니고, 내년엔 지방선거도 있고 곧 총선도 있으니까요. 그래서 요즘은 광장에서 만났던 사람들과 앞으로 함께 도모할 수 있는 게 있으면 좋겠다는 생각을 자주 합니다. 오히려 대선이 끝난 뒤에 더 많은 사람을 모아야겠다는 생각이 들어서 요즘은 빨리 논문 마무리하고 건강도 회복해서 대선 이후에 더 활발히 사람들을 만나자고 주변에도 이야기하고 있어요. 그래서 지금은 어떻게 하면 전국을 돌 수 있을지 기획 중입니다. 많관부(많은 관심 부탁드립니다)!

강리 : 또 소식 전해주시면 여기저기 전하겠습니다. 전국에 있는 모든 분에게요.

하 : 대구도 와주세요. 대구 오시면 제가 꼭 갈게요.

재정 : 그래서 그런 의미에서 슬기 기자님 책 나오면 이 책을 매

개로 전국을 돌아도 좋을 것 같아요.

강리 : 저희 북토크 같은 걸 전국에서 하나요?

슬기 : 결국 저한테 공이…. 제가 전작 냈을 때 비수도권 지역에도, 광주도 가고 순천, 진주, 창원, 부산 등등 여러 곳에 갔거든요. 이번 인터뷰도 제가 비수도권에 계시는 분들 직접 만나 뵈려고 했는데, 다리를 다쳐 줌으로 만나 뵀다는 점 아쉽게 생각하고요. 책 나오면 제가 선생님들 직접 뵈러 가겠습니다. 그리고 그 근처 서점 문을 열심히 두드려보겠습니다.

햐 : 제가 '2030 청년 여성 책 모임'에 들어가 있거든요. 그래서 책 나오면, 이 주제로 북토크 가능한지 의견 내보겠습니다. 안 될 수도 있어요. 너무 기대하지 마시고요.

슬기 : 되면 직접 가겠습니다.

햐 : 적극적으로 한번 추진해보겠습니다.

슬기 : 이제 제가 준비한 질문은 다 드린 것 같아요. 사실 이번 인터뷰 자체가 여러분도 다 느끼셨겠지만 볼륨도 크고 질문도 많고, 이 대책 저 대책 다 말씀하셔야 해서 꽤 힘드셨을 거예요. 긴 호흡의 인터뷰에 더해서 집담회까지 함께해주셔서 진심으로 감사합니다. 록페 이야기를 많이 나눴는데요, 그 전에 퀴어에서 먼저 만날 수 있으면 좋겠다는 생각도 들어요. 메탈×저항 머리띠 두르고, '내향인' 깃발 스티커를 나무젓가락에 붙여서 '전국 응원봉 연대' 깃발과 함께요.

오늘 긴 시간 함께해주셔서 정말 감사합니다. 즐거운 일요일 밤 보내세요. 고생 많으셨습니다!

에필로그

우리, 무한히 정치적인 존재들

 2025년 4월 4일, 대통령 윤석열이 파면됐다. 123일간 이어진 투쟁의 끝이었다. 그날, 나는 헌법재판소 인근 안국역에서 열린 집회에 있었다. 대형 스크린 속 문형배 헌법재판소 권한대행이 선고 주문을 읊어 내려가는데, 점점 코끝이 시큰해졌다. 마침내 "헌법재판관 전원 일치로 파면을 결정한다"고 말하는 순간, 뺨 위로 눈물이 흘렀다. 곧이어 데이식스의 노래 '한 페이지가 될 수 있게'가 울려 퍼졌고, 앞뒤 양옆의 사람 모두가 환호성을 질렀지만 나는 몸을 움직일 기운조차 없었다. 나중에 언론 보도를 보니, 그날 운 사람은 나 하나만이 아니었다.

 그 눈물의 의미를 오래도록 곱씹었다. 2024년 12월 3일 이후, 부조리와 부정의는 상식의 이름으로 작동했다. 누군가 "그게 말이 돼?"라며 볼멘소리를 내면, "비상계엄도 일어나는 나란데 뭐"라는 말로 퉁치는 것이 가능한 나라. 그 몰상식의 감각은 간밤의 계엄 하나로 끝나지 않았다. 내란을 일으킨 자는 체포

영장 집행에 불응했고, 오랜 시간이 흐른 뒤 겨우 발부된 구속영장에도 불구하고 그를 지지하는 무리는 법원을 때려 부쉈다. 그렇게 어렵사리 수감된 내란의 수괴는 듣도 보도 못한 '구속 기간 시간 계산법'에 따라 풀려났다. 내가 그간 믿어온 '최소한의 상식'들이 하나둘씩 나를 배반할 때 손이 떨리고, 목소리가 떨렸다. 몸에 한기처럼 서린 긴장이 좀처럼 가시지 않아 잠 못 이루는 밤이 이어졌다.

그래서 그날 들었던 '2024헌나8 대통령 윤석열 탄핵사건'의 선고 요지는 나에겐 일종의 살풀이처럼 느껴졌다. 피청구인 윤석열이 무엇을 위반하고, 무엇을 침해했으며, 어떤 위해를 가했는지 조목조목 밝혀 나가는 그 말들이, 상식이 다시 자기 자리를 찾아가는 의례 같았다.

많은 인터뷰이가 나와 비슷한 경험을 했다고 한다. 그날, 가장 먼저 입 밖으로 새어 나온 말은 "다행이다"였다. 지연은 '전국 응원봉 연대' 깃발을 들고 안국역 앞 광장에 나왔다가 파면 소식을 듣고 주변의 낯선 이들과 얼싸안고 울었다. 수하는 직장에서 점심을 먹다 눈물을 쏟았다. 누구 하나 예외 없이 그간의 일이 주마등처럼 머릿속을 스쳐 지나갔다고 했다.

여러 갈래의 광장 정치

내가 만난 인터뷰이들은 각자의 자리에서 여러 갈래의 광장 정치를 도모해온 이들이었다. 박근혜 퇴진 광장 때도 응원봉과 깃발은 있었지만, 윤석열 퇴진 광장에서는 그것들이 하나의 흐름, 하나의 상징이 되었다. 응원봉 집결의 서막을 알린 '전국 응원봉 연대' 트윗은, 자신의 정체성 가운데 가장 '메이저'한 것을 앞세워 더 큰 결집을 꾀한 지연의 정치력이 만든 성과였다. 동시에 성폭력 사건의 2차 가해자 대신 여성들을 광장에 직접 초대하고자 했던, 여성혐오 사회에 대한 저항이자 '광장을 우리가 직접 꾸리겠다'는 선언이기도 했다.

애초에 응원봉 자체가 "촛불은 바람 불면 꺼진다"는 말을 정면으로 반박하는, 꺼지지 않는 빛의 저항이었다. 그리고 윤석열 탄핵 광장에서 응원봉은 또 하나의 의미를 덧입었다. 그것은 K팝 팬덤을 공유하는 이들 사이에 안전 감각을 형성하는 도구이자 '이 응원봉을 든 나는 윤석열 탄핵에 찬성한다'는 표식이었고, 광장의 주축이 된 2030 여성을 가시화하는 기호였다. 그 바람에 광장에는 '다시 만난 세계'나 '위플래시' 같은 K팝 노래들이 새로운 민중가요로 자리잡았고, 발광하는 응원봉들이 명멸하는 집회장은 아이돌 콘서트장을 방불케 했다.

광장의 문턱을 대폭 낮춘 개인 기수의 깃발들은 소속이 없어도 위화감 없이 광장에 설 수 있다는 본보기가 되었다. '지부', '지회', '연대' 등의 이름을 띤 깃발들은 기수들 개인의 정체성이자 단체가 됐다. '내향인', '방구석에서 귤 까먹고 싶은 사람들 모임', '전국 뒤로 미루기 연합' 같은 깃발들 아래, 나는 어디에 서 있어도 어색하지 않았다. 그들의 이야기가 곧 내 이야기였기 때문이다.

한편, 한물간 소셜 미디어로 여겨지던 'X'(옛 트위터)는 가장 신뢰할 만한 뉴스 창구로 거듭났다. 계엄 당일 국회 앞 상황을 실시간으로 전한 것도, 집회에 참여한 시민들을 위한 선결제 식당들을 일목요연하게 알린 곳도, 남태령에서 경찰들이 농민들 트랙터를 막아설 때 다급하게 지원을 요청한 곳도 모두 'X'였다. 이러한 소식을 확산시키는 데는 당연히 'X' 문법에 익숙한 청년 여성들의 공이 컸다.

그렇게 새로운 세대가, 활화산 같은 분노로 내란에 맞섰다. 2024년 12월 3일의 여의도와 같은 달 21~22일의 남태령에서, 그들은 국가폭력에 대항해 국회 앞을 지키고 농민들 트랙터 옆을 지켰다. '왜 국회에 군인들이 나타난 거지?', '왜 평화로운 시위 행렬을 경찰들이 막는 거지?' 같은 근원적인 물음과 분노가 그들을 투쟁 현장으로 향하게 했다. 그들은 국회에서, 남태령에서, 많은 이가 모이면 불의를 멈추게 할 수 있다는 것을 체득했다. 국회를 겹겹이 둘러싼 시민들 덕분에, 그날 어렵사리 담을 넘어 본회의장으로 진입한 국회의원들은 계엄해제요구안을 통과시킬 수 있었다. 혹한의 남태령을 무박 2일간 지킨 3만여 명의 시민이 있었기에 끝내 농민들 트랙터는 남태령을 넘어

최종 목적지인 한강진으로 향할 수 있었다.

'남태령 대첩'을 기화로, 자유 발언대에 오른 시민들이 자신의 성별 정체성과 성적 지향을 밝히는 것은 일종의 전통이 되었다. 그렇게 수많은 퀴어가 광장에서 커밍아웃을 했다. 전국 1,700여 개 시민사회단체가 함께하는 내란청산·사회대개혁 비상행동(비상행동)이 지난 2월부터 5월까지 온라인 공론장 '천만의 연결'을 통해 제안된 시민 의견 788건을 분석한 결과, 가장 많은 요구는 차별금지·성평등·인권·소수자권리(25.9%) 보장이었다.

남태령 대첩은 '말벌 시민'의 탄생에도 분기점 역할을 했다. 그곳에서 각자의 취약성을 공유한 이들은 '우리가 비슷한 투쟁을 각자의 자리에서 하고 있다'는 사실을 깨닫게 해주었다. 26시간 만에 경찰 차벽이 열렸던 승리의 역사를 경험한 이들은 더는 투쟁의 현장을 그냥 지나칠 수 없게 되었다. 전장연의 이동권 시위로, 교내 성폭력 문제를 제기했다가 부당하게 해임된 지혜복 교사의 복직을 위한 투쟁장으로, 동덕여대의 민주화 집회로, 꿀벌을 지키기 위해 말벌을 쫓던 TV 속 아저씨처럼 달려갔다.

또 다른 싸움을 앞두고

6·3 대선 결과, 이재명 더불어민주당 후보가 49.42%의

득표율로 대통령에 당선되었다. 2위 김문수 국민의힘 후보 41.15%, 3위 개혁신당 이준석 후보 8.34%, 4위 민주노동당 권영국 후보 0.98% 순이었다. 계엄에 동조하고, 내란을 옹호한 후보에게 국민 10명 가운데 4명이 투표한 것이다. 청년 세대로 좁히면, 성별에 따라 표심의 향방이 극명하게 나뉘었다. 20대 여성은 이재명 후보에 58.1%라는 압도적 지지를 보낸 반면, 20대 남성은 이준석 후보를 가장 많이 지지했다(37.2%). 30대는 남녀 모두 이재명·김문수·이준석 순이었지만 30대 여성의 과반이 이재명 후보에 투표한 데 반해(57.3%), 30대 남성은 37.9%만 이재명 후보에 투표했다. 한편 광장과 가장 가까운 후보로 평가받았던 권영국 후보는 전체 득표율에 비해 20대 여성(5.9%)과 30대 여성(2.1%) 유권자 층에서 큰 지지를 받았다.

대선을 열흘 앞두고 만난 '우우놀'의 인터뷰이들은 각자 다른 고민을 펼쳐놓았다. 그들은 여러 소수자 의제에 연대하며 '투쟁'을 외치고 응원봉을 들었던 광장과 정치 이야기가 뚝 끊긴 일상 사이 급격한 낙차를 체감했다. 집회 등 공론장에서 부지런히 자기 목소리를 냈던 이들은, 나의 정치색을 하나의 고정변수로 취급하는 주변 지인들과 소통하는 데 어려움을 겪기도 했다. 그리고 예의 '여성이 사라졌다'는 생각을 지울 수가 없었다. 매번 여성이 광장에 새롭게 등장한 것처럼 그려지는 것은, 광장의 여론을 주도하는 중심이었다가 '1인 1표' 선거 국면에서는 유권자로 범위가 한정됐다가, 선거 이후 대의 정치가 본격적으로 무르익을 무렵에는 정치인으로서의 여성을 볼 수 없는 사태가 계속 빚어지기 때문이었다.

그런데도 그들은 일상으로 뻗어가는 광장 정치를 모색하고 있었다. "노조가 없다"는 말에 고용 형태나 직종에 상관없이 가입할 수 있는 민주노총전국민주일반노조 누구나노조지회를 추천하거나, 현재 준비위원회 단계를 거치고 있는 작가노조의 사례를 소개하는 식이다. 누군가는 온라인에서 연대를 이어가겠다고 했고, 누군가는 광장에 계속 서겠다고 다짐했다. 광장과 여러모로 비슷한 록페스티벌이나 퀴어축제에서 다시 만날 것을 기약하기도 했다.

이 모든 것에도 불구하고 우리는 '멀리 보자'는 결론을 내렸다. 대선이라는 선거 하나로, 우리의 투쟁이 끝나는 것이 아니기 때문이다. "대선을 마지막인 것처럼 여기자니 벌써 힘이 빠진다(재정)"는 토로에 모두가 공감했고, "새 정부가 들어서고 초반 3개월이 중요하다. 이 나라 전반의 거버넌스를 바꿀 논의를 해야 한다(강리)"는 말에 동의했다. '이 나라 전반의 거버넌스를 바꿀 논의'에는 대통령 4년 중임제나 결선투표제 도입 같은 개헌안을 포함해 광장 정치를 대의제 정치로 이어갈 방안도 들어가 있을 터였다.

광장과 일상의 낙차 너머를 꿈꾸는 사람들

대선하고도 두 달을 훌쩍 넘긴 지금, 많은 것들이 변했다. 이재명 정부는 여성가족부를 성평등가족부로 확대·개편하겠다는 방안을 내놨다. 구조적 성차별을 타파하는 부처로서 개편하는 것에는 이의가 없지만, 그와 함께 대통령이 주문한 것은 남성 역차별 문제의 대책을 강구하라는 지시였다. 대선 전부터 성별에 관계없이 "소수성이 일정 비율 이하가 되지 않도록 배려가 필요하다"는 주장을 폈던 대통령은 꾸준히 '역차별' 담론을 밀어 올렸다. 과거 "모든 인간이 동성애를 택했을 때 인류가 지속 가능하지 못하다"며 포괄적 차별금지법 반대 의사를 밝혔던 김민석 국무총리 후보자는 청문회에서 단 한 차례의 관련 질의도 받지 않은 채, 국무총리가 됐다.

다시 돌아온 학교에서는 백래시가 시작됐다. 고려대의 소수자인권위원회와 여학생위원회는 외부 활동을 이유로 재인준이 부결되고, 양 기구가 통폐합되는 징계를 받았다. 성균관대 여성주의 교지편집위원회 정정헌은 중앙동아리 재등록이 부결됐다. 이화여대와 학내 독립예술영화관 아트하우스 모모는 한국퀴어영화제 대관을 거부했다.

그러나 광장을 거친 응원봉과 깃발들의 삶은 전과 같지 않다. '우우놀'의 인터뷰이들은 집담회에서 밝힌 그들 다짐대로 살고 있다. 다수가 광장에서 활약했던 자신의 깃발과 응원봉을 식민지역사박물관에 기증했고, 역사의 기록으로 남겼다. 계엄의 밤에 국회 출입문을 붙잡았던 재정은 비상계엄 사태 후 첫 제헌절 행사에 시민 대표로 참석했다. 강리는 상호부조 원리에 입각한 연구 안전망인 연구자공제회 출범에 앞장서고 있다. 후주는 여성 농업인의 현실을 알리는 자리에 적극 참여하며 '여성들이 농사짓기 좋은 농촌'을 만드는 데 열심이다. 수하는 내란 국면의 광장에서 가입한 누구나노조지회 활동을 이어가고 있으며, 햐와 솔, 내향인 기수는 여전히 소수자들의 투쟁 현장에 발 벗고 따라가는 '말벌 동지'다. 다인과 지연, 서연도 내 삶과 직결되는 정치적 의제에 대한 관심을 꾸준히 놓지 않고 살아간다.

광장과 일상의 낙차가 붕괴된 이들의 삶이야말로, 광장 정치와 대의제 정치의 구분을 뛰어넘을 단초가 된다. 더 많은 여성, 퀴어 정치인의 등장을 기대할 여지가 생기는 것이다. '우우놀' 기사에는 인터뷰이들을 두고 '정치 지망생이냐' 같은 댓글이 일종의 비아냥처럼 달렸는데, 나는 그걸 칭찬이라 생각한다. 그들은 전업 정치인이 아니더라도 광장의 목소리를 대변하는 정치인에 아낌없는 지지를 보내며 연대가 필요한 곳에 달려가고, 자신의 삶에서 일어나는 부조리에 항거할 방안을 부지런히 모색하는 일상의 정치인으로 다들 살고 있다. 따라서 우리는, 사실, 우리가 놀랍지 않았고 앞으로도 그럴 것이다.

우리는 우리가 놀랍지 않다
광장을 바꾼 청년 여성들의 정치력

ⓒ 이슬기 2025

초판 1쇄 2025년 9월 15일
지은이 이슬기
디자인 유랙어
펴낸이 이채진
펴낸곳 틈새의시간
출판등록 2020년 4월 9일 제406-2020-000037호
주소 경기도 파주시 하늘소로16, 104-201
전화 031-939-8552
이메일 gaptimebooks@gmail.com
페이스북 @gaptimebooks
인스타그램 @time_of_gap
ISBN 979-11-93933-16-9(03300)

* 책값은 뒤표지에 있습니다. 잘못 만들어진 책은 구입하신 서점에서 교환해드립니다.
* 이 책 내용의 일부 또는 전부를 재사용하려면 반드시 저작자와 틈새의시간 양측의 서면 동의를 받아야 합니다.